不会管理
如何当好
班组长

手把手教你从会干活到善管理

崔生祥 ◎ 编著

人民日报出版社

图书在版编目（CIP）数据

不会管理 如何当好班组长：手把手教你从会干活到善管理／崔生祥编著． －－北京：人民日报出版社，2018.2
ISBN 978-7-5115-5210-5

Ⅰ.①不… Ⅱ.①崔… Ⅲ.①班组管理
Ⅳ.①F406.6

中国版本图书馆 CIP 数据核字（2018）第 002750 号

书　　名：	不会管理　如何当好班组长：手把手教你从会干活到善管理
作　　者：	崔生祥
出 版 人：	董　伟
责任编辑：	刘天一
封面设计：	陈国风
出版发行：	人民日报出版社
地　　址：	北京金台西路 2 号
邮政编码：	100733
发行热线：	（010）65369527　65369846　65369509　65369510
邮购热线：	（010）65369530　65363527
编辑热线：	（010）65369844
网　　址：	www.peopledailypress.com
经　　销：	新华书店
印　　刷：	北京柯蓝博泰印务有限公司
开　　本：	710mm×1000mm　1/16
字　　数：	160 千字
印　　张：	12.75
印　　次：	2018 年 10 月第 1 版　2018 年 10 月第 1 次印刷
书　　号：	ISBN 978-7-5115-5210-5
定　　价：	39.80 元

前言

在班组管理上,班组长要代表三个立场:对下代表公司的立场,对上代表组员的立场,对待顶头上司既代表组员的立场,同时又代表上司的辅助人员的立场。班组长作为连接中层管理与基层组员的桥梁,在企业组织中具有举足轻重的作用。班组长不但要管物、管事,还要管人。所以,班组长在完成从工人到管理者的角色转变后,必须抓好班组建设与管理,使自己迅速成为一名优秀的班组长。

优秀的班组长是企业管理的基石。要当好班组长首先就要做好班组管理。"火车跑得快,全靠车头带。"班组长的角色说大不大,可是要当好班组长还真不容易。班组长作为兵头将尾,是承上启下的"桥梁",其管理水平的好坏,履责能力的强弱,执行能力的高低,将直接影响整个班组的安全生产和建设。因此,一个合格的班组长要具备强烈的事业心和使命感,自强不息,顽强进取,坚持原则,大胆管理,善于协调干部和组员之间的关系;必须胜任班组的各项工作,具有丰富的技术工作经验;对手下的组员、设备、物资等做到科学管理,合理使用,使之人尽其才,物尽其用。

班组长应当能实干又会管理,要有较强的管理意识,同时在生产实践中要逐步提高自己的各项素质,不断改进工作方法,在组员中树立起自己的威信,才能依靠大家的力量管好班组,才能充分调动和发挥班组成员的积极性、创造性。因此，班组长要转变自己的观念，不能时刻以管理者的身份自居，把"管"字当头，以"权"压人。管理，从字面意义上讲，既要"管"更要"理"。班组长应想方设法与组员拉近距离，变管理为服务，了解组员在工作和生活中遇到的问题，并真心实意地帮组员解决问题，做一名让组员信任的贴心人。

一个班组就是一个"家"，班组长就是一个"兄长"。在家中要多一些理解，多一些协作，多一些关心，多一些包容。班组长要心胸豁达，不要对人报有偏见，要充分发挥班组每一个成员的优势，创造条件让每个人的积极性都得到充分的发挥。在班组这个"家"中班组长要像对家人一样，理解、关心组员，把帮助大家解决困难作为自己应尽的义务，营造出一种处处充满温馨的和谐家庭氛围，营造出一种勤奋好学、钻研技术的学习氛围，营造出一种吃苦耐劳、勇挑重担、爱岗敬业的奉献氛围，营造出具有特色的班组文化。

因此，班组长要摆正自己的位置，明确自己的工作特点。班组长每日面对的是更为具体的事务，所以工作方法及技巧与中、高层管理者有很大的不同。班组长是生产的直接组织和参加者，所以班组长应该既是技术骨干，还是业务上的多面手。班组长对班组每一个细节的工作都要清清楚楚，既要做好计划，又要抓好落实。我们针对班组长的管理特点编写了本书，书中详细介绍了如何提升班组长的管理水平，解答了班组长工作中的各种困惑，提供了具有很强操作性和指导性的工作方法。本书适合班组长和班组骨干阅读，希望通过本书能够有效提升广大班组长的管理水平，使之更上一个台阶。

目录

【第一章】敢于担当，获得大家的认可和尊重

> 俗话说：火车跑得快，全靠车头带！一个优秀的班组，先进的班组，一定有一位敢于担当的班组长！所谓"担当"，就是立足本职，做好分内的事，承担应当承担的责任，履行应当履行的义务，完成应当完成的使命。这是一种境界、一种责任，更是一种能力、一种作风。

1. 勇于负责，担起班组长的重担 / 2
2. 以身作则，做好班组的兵头将尾 / 6
3. 当好助手，主动及时向上司请示和汇报 / 11
4. 办事公正，赢得组员的尊重和信任 / 14
5. 平易近人，关心组员也要关心组员的家庭 / 18
6. 技能精湛，成为复合型的技术与管理人才 / 22

【第二章】善于沟通，做好班组的上传下达工作

> 在班组管理上，善于沟通是一个优秀班组长实力的重要表现，是做好工作的必要条件。班组长要提高自身的沟通能力，既要与上司沟通好，也要与组员沟通好。只有让上司了解你计划的

> 可行性、信任你的工作能力，才会给予你必要的支持与理解。只有让组员理解你的意图，你的方案才能得到更有效的实施，才能创造好的效益。

1. 换位思考，与上司沟通要讲究方法　　/ 28
2. 放下架子，和组员打成一片　　/ 30
3. 发扬民主作风，坚决不搞"一言堂"　　/ 35
4. 倾听组员意见，经常开展谈心活动　　/ 38
5. 灵活运用微信、QQ等通讯方式沟通　　/ 41
6. 调控心理，控制沟通中的不良情绪　　/ 44

【第三章】巧于激励，鼓足组员的干劲和士气

> 奖罚分明是班组激励管理的原则。干得好就奖，干得赖就罚，绝不能含糊。作为重要的激励手段，物质奖励是必要的，但一定要慎用、少用，避免出现攀比现象，引起猜忌，破坏班组和谐氛围。而且，如果总是要靠物质刺激来激励组员，就说明薪酬体系有问题。激励更多的应该是精神层面的，最有效的就是对人真诚、尊重和信任，对成绩及时给予有效的肯定。

1. 描绘蓝图，为组员树立美好的愿景　　/ 50
2. 鼓舞士气，为班组树立正确的激励榜样　　/ 52
3. 灵活使用物质激励和精神激励　　/ 54
4. 多用情感激励，打动组员　　/ 56
5. 举行评比先进活动，调动组员的主动性　　/ 59
6. 绩效考核，把奖励送给有贡献的组员　　/ 63

【第四章】因人而异,调动每一位组员的积极性

> 班组管理其实很简单,就是将合适的人放在合适的地方而已。作为班组长,既要了解组员的优点,还要了解其缺点,要知道组员的哪些优点是可被发挥的;哪些缺点是可以被改造的;哪些是无伤大雅的。了解这些很重要,因为只有掌握了这些内容,才能真正做到"知人善任",引导组员扬长避短,把班组工作做好。

1. 懂得尊重,善待每一个班组成员 / 68
2. 面对"争强好胜"型组员,要扬长避短 / 70
3. 面对"倚老卖老"型组员,要虚心请教 / 73
4. 面对"拖拖拉拉"型组员,要明确时间 / 76
5. 面对"工作犯错"型组员,要宽容大度 / 79
6. 面对"情绪不稳"型组员,要注重心理调节 / 81

【第五章】严守制度,形成遵章守纪的良好班风

> 一个组织要想拥有强大的竞争力,首先要尊重制度,形成遵章守纪的良好风气。在班组管理上,遵守制度的作用非常重要。一个班组的发展必须要有完善的制度建设作为保障,而不能由班组长的个人意志来左右。班组长在制度执行上尤其要注意公平公正,防止个人情感掺杂在班组管理中。

1. 制度是班组管理的基石 / 88
2. 用制度说话,好制度重在执行 / 90
3. 落实制度,建立人人守纪的良好班风 / 93
4. 遵守作业标准化,减少差错发生 / 96
5. 加强细节管理,防范弄虚作假 / 99

6.杜绝借口，积极执行上级的任务指令　　/ 103

【第六章】精益管理，合理安排班组生产计划

> 精益管理要求企业的各项活动都必须以最小资源投入创造出尽可能多的价值，为客户提供新产品和及时的服务。要想让企业的效率提升，班组工作应该进行精益管理。计划是管理的首要职能，生产计划是实施精益生产的基础。班组长对班组每一项工作都要清清楚楚，既要做好计划，又要抓好落实。只有班组进行精益管理，充满勃勃生机，企业才能保持旺盛的生产活力。

1.做好班组计划，安排岗位和人员　　/ 108
2.控制生产进度，快速切换生产　　/ 111
3.爱护现场设备，做好生产准备　　/ 114
4.做好质量管理，保证质量零缺陷　　/ 117
5.开展QCDS，实现现场综合管理　　/ 121
6.重视班组安全管理，及时处理隐患　　/ 123

【第七章】团结友善，营造和谐高效的班组文化

> 一流的班组应该是用文化来管理人。班组管理要重在以人为本，增强管理的向心力、凝聚力，激发人的热情和潜能，为组员施展才华、实现价值搭建舞台。班组是企业思想工作的前沿阵地，班组长重视班组文化建设，既可以使思想工作在班组中更有效地发挥作用，又可以使组员主人翁精神得到充分发挥。

1.班组文化是企业和谐发展的原动力　　/ 130
2.带头践行企业文化，创造愉快的班组氛围　　/ 133

3. 建立班组安全文化，抓好安全生产和文明生产 / 137
4. 以和为贵，妥善处理班组内部冲突 / 142
5. 开展班组文化活动，增强班组特色 / 146
6. 进行班组廉洁文化教育，创建廉洁班组 / 149

【第八章】重视学习，不断提升班组人才素质

> "学习是前进的基础"，选择学习就是选择进步。班组是企业培育员工、培养人才的最重要阵地，是提升企业管理水平、构建和谐企业的落脚点。在班组树立全员学习理念，搞好班组学习，是提高班组成员素质的有效途径。只有把班组这一企业中最基本单位打造成学习型班组，才能成功创建学习型企业，企业也才能真正实现和谐发展、科学发展和可持续性发展。

1. 创建学习型班组，推动企业发展 / 154
2. 不断学习，提升班组长的管理能力 / 157
3. 重视培训，强化班组成员综合素质 / 160
4. 提升业务技能，培养专家型组员 / 164
5. 学习信息技术，搞好班组信息化建设 / 168
6. 让全员学习成为班组的良好习惯 / 172

【第九章】勇于创新，带领组员在工作中大胆突破

> 创新是企业发展的动力。班组长是班组创新活动的带头人，负责引导班组的创新文化和成员的创新理念。在激烈的市场竞争中，班组长要锐意进取，不断增强创新意识，大胆进行技术创新、管理创新，才能使自己所在的班组生机蓬勃，引领企业创新。

1. 锐意进取，不断增强班组创新意识　/ 176
2. 打破条条框框，发挥创新带头作用　/ 179
3. 营造创新气氛，激发组员的创新热情　/ 183
4. 鼓励合理化建议，打造创新型班组　/ 185
5. 运用创新思维，激活岗位创新精神　/ 188

第一章

敢于担当，获得大家的认可和尊重

俗话说：火车跑得快，全靠车头带！一个优秀的班组，先进的班组，一定有一位敢于担当的班组长！所谓"担当"，就是立足本职，做好分内的事，承担应当承担的责任，履行应当履行的义务，完成应当完成的使命。这是一种境界、一种责任，更是一种能力、一种作风。

1. 勇于负责，担起班组长的重担

班组是现代企业中最基层的一级管理组织。班组长官不大，责不小。班组长均处在生产第一线，每班皆与生产设备打交道，既是生产的指挥者也是设备的操作者，生产设备能否正常运行，安全隐患能否及时排除，生产指标能否按时完成，班组长起着重要的作用；同时班组长还是组员的直接领导者，能否调动组员的积极性，挖掘组员的潜力，凝结组员的智慧，形成一个强有力的战斗集体，班组长也是责任在肩。一个班组长能否尽职尽责，担起班组长的重担，对于班组的工作和企业的兴盛至关重要。因此，班组长干好每项工作都应该有担当意识和责任意识，只有这样才能把工作干好。

据《现代汉语词典》第 7 版，"担当"意为"接受并负起责任"。当一个人从内心深处自觉地去承担责任时，就会主动地想尽办法去做好，并不认为是在做一件被动枯燥的工作，在工作过程中被同事认同和尊重，感到自身价值得到体现，并在完成这份工作时获得心理与精神上的满足。在工作中，要当好班组长首先就是担起班组长的重担，管理好班组，这样才能使班组工作有条不紊地进行。

朱昌胜是某煤矿的一名生产班长。尽管他没有惊天动地的壮举，没有玩酷张扬的性格，却依然赢得了从煤矿领导到普通员工的一致赞誉。原因何在？就是因为他尽职尽责当好了班组长，创造出了优秀的业绩。

俗话说："火车跑得快，全靠车头带。"朱昌胜参加工作13年来，在上级的正确指导下，凭借自身的努力拼搏，取得了一次又一次优异的成绩，所带班组连续两年被评为集团公司和矿先进班组，他本人连续三年被评为矿先进工作者。

榜样的力量是无穷的。朱昌胜在平时的工作现场管理中，敢于担当，要求他人做到的自己首先做到，尤其是在苦、累、脏、险、重的工作面前，朱昌胜总是干在前，抢在先，时刻不忘以实际行动来叫响"看我的，跟我来"这句话。"我觉得我能当选劳模的一个重要原因是我无论干什么工作，都挑头干。作为班长，只有你先冲上去干了，工人们才能跟着你尽心尽力……"朱昌胜在接受采访时如是说。曾经在朱昌胜班跟他一块干过活的老员工是这样评价他的："朱班长的最大特点就是，无论什么样的活，他总是带头干；这个人脾气好，人品正，分配活儿的时候，不分远近亲疏，能一碗水端平，而且能把每个人的工作积极性调动起来，大家齐心协力来干活。"

在日常工作中，朱昌胜还是一个严格律己，严格管理的班组长。他时刻教育全班的工友牢固树立安全意识，只有平时把工作做深入扎实了，安全才会有保证。正是由于他深严细实的工作作风，几年来，他所带的班组未出现一起轻伤或重伤事故，很好地实现了安全生产。

此外，朱昌胜还是个善于学习的班组长。刚参加工作那会儿，他就意识到学好技术、练好基本功只是一名合格矿工的第一步，但矿工仅仅能完成工作任务还不行，还需要汲取更多更全面的专业理论知识，也只有这样才能更好地完成工作，尤其是处理好一些艰难险重的任务。于是，他上班时总是和工友们一起奋战在第一线，深入生产管理的每一个环节，掌握好第一手资料，遇到不懂的问题，他虚心向工区领导、技术人员请教，向现场老师傅们学习。业余时间，他总能挤出时间研究思考，借来有关的图纸和资料，琢磨操作要领和重要环节，他就凭着这样一股不服输的精神，克服了一个又一个制约生产的薄弱环节，很快成为了采煤业务里的行家里手，得到了领导和组员的一致认可。

可以说，朱昌胜是一位值得大家学习的优秀班组长。担当是一种境界，是一种责任，更是一种自觉。没有自觉，就谈不上担当。满足于"推一推动一动，不推不动""抽一鞭子才动，不抽不动"，这不是担当。敢于担当，这是长期以来大家对一个班组长的要求，这也是由班组长既是指挥员，又是战斗员的双重身份所决定的。班组长是组员的一面旗帜，组员工作时习惯看班组长，一位勇挑重担、迎难而上、冲锋在前的班组长，能以行动服众，会对班组成员产生潜移默化的影响。班组长带头做得好，整个班组就有战斗力。实践证明，一个斤斤计较、见难就退、工作刁滑的人是绝对当不好班组长的。敢于担当、勇挑重担是一个班组长应具备的基本品质。

2006年，正当高村采场进入大规模的开采和建设之时，任平和她的一班姐妹们被抽调到高采车间综合工段水泵班。转眼间5年多的时间过去了，和她一起来的女工大多因为受不了采场深部艰难困苦的工作环境而纷纷调离工作岗位，而她却异常坚定地认为：艰苦可以磨炼一个人的意志，职业没有高低贵贱之分，只要

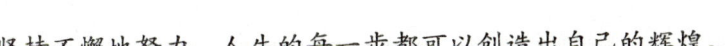

坚持不懈地努力，人生的每一步都可以创造出自己的辉煌。

当上水泵班的班长，这就意味着肩负的责任将更加重大。高村采场的开发，每向下一个台阶挖掘，都要事先排除沟内的地下积水、转移泵站、架设水泵和铺设排水管道，这些体力活对于水泵班的大多数女工来说，是一项十分繁重的体力活，而每次她都能身先士卒、冲锋在前。在她的精心组织和带动下，水泵班的工作和职工面貌发生了翻天覆地的变化。去年7月中旬，由于连续的暴雨，采场四周的山水一股脑地涌向采场，两台价值上千万元的10立方米电铲随时有被淹没的可能，为了排除险情，车间和工段立即组织人员投入抢险工作。没有被列入抢险人员名单的任平还是投身到了抢险工作中，雨水湿透了衣衫，泥巴裹住了裤脚，长长的输水管压在她肩上，像死蛇一样的沉重，可她全然不顾，只见她滑倒了，爬起来，又滑倒……就这样她坚持和大伙一起将200多米长的输水管铺设到位。抢险工作一直从下午干到午夜，当汹涌的山水通过管道被排出采场时，谁会想到这群浑身湿透、脸上沾满泥浆的抢险勇士之中，竟然还有一位女同胞。

班组是企业最有故事、最具活力的地方。优秀的班组长是企业管理的基石。班组长除了带领全班人员做好日常生产运行、设备检修外，还必须做好班组的日常管理工作，因此，班组长需要勇于负责，敢于担当。第一，班组长担当的是责任。班组长把企业的利益得失、组员的难处放在心上，才能做到在困难面前不推脱，在危险面前不回避，直面而上，挺身而出，去战胜困难，取得胜利。第二，担当的是一份忠诚，当企业平稳发展时，要认真筹划，精心安排，为企业的安全生产尽心尽力；当企业遇到困难时，要充分发挥自己的工作经验和聪明才智，积极创新，为企业脱困献计献策。第三，担当是一份热爱，是对企业的热爱，对岗位的热爱。只有热爱才会在工作中充满激情，才会在自己的岗位上忘我奉献，才会在企业遇到困难和危险时，敢于动真碰硬。第四，担当是一份正能量。有一分热，就要发一分光；有一份职责，就要释放一份正能量。能量的大小来自于平日的积累，班组长敢于担当的举动不仅体现一个人的操守与修养，更能够树立正气、倡导正义、聚集正能量。

总之，当好班组长需要勇于担当，只有在自己的本职工作中，充分发挥自己的聪明才智，承担起工作岗位的责任，圆满完成各项工作任务才能获得上司和组员的认可。

2. 以身作则，做好班组的兵头将尾

对于基层班组而言，班组长个人素质及管理水平的高低，将决定整个团队能否具备较高的向心力、战斗力和生产力。班组长号称"兵头将尾"，既要扮演"兵"的角色，又要履行好"将"之职责，地位重要作用特殊。一方面，班组长要准确实施上级的管理要求和精神，是班组落实安全生产的根本。班组长要以身作则，及时发挥传话筒作用，将上级精神和要求原汁原味地传达下去，让班组的全体成员了解企业生产形势，做到心中有数。另一方面，班组长要带好班组成员，掌握组员的心理动态，通过推心置腹的沟通和对制度的解析，化解组员的思想疑虑。对组员日常生活、工作中出现的问题，要尽自己和班组的最大所能帮助解决，把关怀和温暖送

到组员心坎上，进而凝聚人心、强化班组合力、提升整体战斗力。

~~~~~~~~~~~~~~~~~~~~~~~~~~~~~~

钱孝祥是凯里供电局修试管理所变检班班长。2006年11月8日，荣获中国电力企业联合会和中国能源化学工会全国委员会授予的"全国电力行业优秀班组长"荣誉称号。作为"兵头将尾"的变检班班长，钱孝祥有他自己的管理模式：一是定期组织召开班内民主生活会，广泛听取班员的看法和意见，积极采纳对班组有利的建议，在变压器检修班形成了一个比较好的学习风气。二是确定班组安全生产目标，年初制订班组和个人安全生产目标，工作中采取措施严格控制个人违章，坚决杜绝"三违"现象的发生。三是结合班组工作实际建立和健全班组安全生产规章制度，在工作中做到奖惩分明，形成以制度管理的良好氛围。四是推行现代安全生产管理方法，把"安全性评价"工作纳入日常管理工作当中，对不安全的因素进行超前控制，班组管理水平明显提高。正是这种人性化的管理，使得班组管理水平又上了一个新的台阶，变压器检修工作有了明显提高，为电网安全稳定运行奠定了坚实的基础。

钱孝祥刚到变检班就成了同行眼里的"大忙人"。去年4月下旬的一天，钱孝祥下班回家正准备吃晚饭，突然一个电话打过来：镇远220千伏变电站1号主变温度升高，如不及时处理，将使主变跳闸，造成大面积停电。他顾不上吃饭立即组织人员驱车赶往镇远，经3个小时的颠簸，夜晚九点到达变电站，当即组织人员连夜翻沟盖板、放电缆，经过四小时紧张忙碌的工作，将冷控箱的接触器、电缆线更换完毕，保证了镇远1号主变的正常运行，避免了一次大面积停电事故的发生。第二天下午刚走进家，突然雷鸣电闪,狂风夹着大雨和冰雹开始肆虐。看着窗外乌云密布的天空,他的心一下子紧了起来。果然,几分钟后,家里的电话铃声急促响了起来:青山变电站2号主变中性点刀闸线板处放电!

钱孝祥立即组织人员及时赶到青山变电站处理缺陷,刚工作完毕又接到另外一个紧急电话:凯里变电站2号主烃中性点刀闸放电,并发现火球。他们立马从青山变电站赶往凯里变电站,处理完毕凯里变电站缺陷已是晚上十点钟。当所有的缺陷处理完毕,看到市区街道两边的路灯一片通明时,心里有种说不出的欣慰和自豪。这样"连轴转"的工作,在钱孝祥身上是最平常不过的事情。他先后参加110千伏大坡变、鸭塘变、五里牌变的新安装工作,负责15个35千伏变电站新增间隔安装;检修开关500多台,电容器检修50多台,更换电容器组18台次,主变大修8台,电网开口点防雷设施安装31台;抢修150次,消除紧急缺陷200多处、重大缺陷260多处。

企业的发展离不开班组长的智慧和才华。班组长作为兵头将尾,是企业最基层的管理者,是企业发展的原动力。班组长在企业的生产和发展中是一线生产的直接指挥者和组织者,他们的水平高低将最终影响企业的经营绩效。班组长的特殊地位决定了他要扮演不同的角色。班组长必须首先是生产者,然后才是管理者,决不能脱离生产劳动岗位,凌驾于班组之上。班组长在对自己角色的把握上不可过激,越位的班组长,上司不喜欢;缩手缩脚的班组长,组员不喜欢、不拥戴。只有以身作则,做好班组的兵头将尾,才能使企业的工作事半功倍。

第一章

敢于担当，获得大家的认可和尊重

小沈是某电力公司检修部锅炉一班班长。进厂多年来，小沈一直从事锅炉检修工作，从检修工到检修班长，他始终在岗位上认真做事、踏实工作。可以说，小沈为维护某电力公司机组安全稳定运行付出了艰苦努力，也收获了丰硕成果。他管辖的设备缺陷率明显下降，可靠性得到保障，而他所在的锅炉一班已经成为电力公司的"明星班组"。面对荣誉，小沈的回答是："作为一名党员，我应该冲锋在前；作为一名班长，就要以身作则！"

小沈的专业水平在电力公司是出了名的，平时同事们都亲切地喊他"沈大工"。沈大工最爱说的一句话就是："做了就要做好！"一次，1号机组锅炉固定端汽包双色水位计泄漏，小沈得知消息后立刻从家往厂里赶。机组负荷很快由57万千瓦下降至40万千瓦，水侧快关阀卡涩严重，无法关闭。1号炉固定端汽包小室的能见度越来越低，水雾弥漫，伸手不见五指，检修人员难以接近故障设备，更无法确定具体泄漏的部位。更严重的是汽包固定端电接点水位计失去显示，能否紧急隔离固定端汽包双色水位计汽、水侧一二次阀门对确保机组稳定运行显得至关重要。情况紧急，时间紧迫！而汽包小室内高温高压蒸汽却"肆无忌惮"地喷涌而出，工作人员根本无法靠近，怎么办？小沈挺身而出，戴上沉重的头盔、穿上笨重的隔热服，和一名同事冲进"浓雾"。由于阀门所在位置极差，他俩只能绕开障碍物，匍匐前进，等到了位置直起身时，全身早已湿透。灼热的蒸汽使人几乎窒息，小沈咬紧牙关，一圈又一圈，奋力关闭阀门。高温高压的蒸汽遇冷后凝结成近80℃的水滴，通过隔热服缝隙，一滴一滴渗到皮肤上，非常疼，小沈坚持着，将一个一个阀门关闭。经过半个小时的恶战，阀门终于关闭，整个汽包小室顿时明亮起来。等到小沈一出来，厂长带头为他鼓掌。

班组长能否以身作则，做出表率，是班组长职责的体现。因此，只有以身作则，身体力行，才能获得组员的支持，才能影响和带动组员共同搞好班组工作。班组长以身作则，就是要求别人做到的事，自己首先做到，要求别人不能干的事，自己首先不干。因此，班组长在工作中当好表率，非常关键。这就必须做好下面几点。

第一，做真抓实干的表率。身教远胜于言教。作为一班之长，班组长首先必须树立强烈的事业心和责任感，做真抓实干、勤勉敬业的表率。只有脏活累活揽在前、身先士卒带头干，真正做到吃苦在前、享受在后、奋勇争先、甘于奉献，才能以实际行动凝聚人心、鼓舞士气，带动班组成员共同营造争创一流、催人奋进的良好工作氛围。

第二，做遵章守纪的表率。"不以规矩，不能成方圆"，但正人须先正己。尤其作为班组"领头羊"，以身作则、遵章守纪是对一班之长最基本的要求。换而言之，就是要求别人做到的，班组长必须首先做到；要求别人不做的，班组长亦应不做。如此，才能达成上行下效之果，才能让人人遵从规定、个个按章办事在班组内部蔚然成风。

第三，做民主公正的表率。事成于和睦，力生于团结。一个和睦、团结的班组，必然有一个讲求民主、处事公正的"掌舵人"。要当好民主公正的表率，须致力于做好两点。其一，要发扬民主之风，善于听取意见，努力促成群策群力干事业、团结一心促和谐的良好局面。其二，在"是与非""对与错"面前，要不徇私情、奖罚分明，以此及时化解可能存在的不良情绪，充分调动每位班组成员的工作积极性。

第四，做勤于学习的表率。"打铁尚需自身硬"。不具备过硬的专业技能和较高的管理水平,将难以胜任班组长这一既是"战斗员"又是"指挥官"的重要角色。因而,班组长必须充分利用各种机会,带头学习、提高素质,做勤于学习的表率。聚沙终可成塔。只要学得多一些,钻得深一些,则必然能既在学识上出众,又在才干上服众,从而更有助于班组事务的组织协调和各项工作的高效开展。

只有时时发挥表率作用,才能称之为一名称职、出色的班组长,才能引领班组成员努力为企业发展做出更大的贡献。

3. 当好助手,主动及时向上司请示和汇报

在班组管理上,主动及时向上司请示和汇报,跟上司保持良好沟通对班组长来说十分重要。工作中,班组长是上司的参谋和助手,发挥着"桥梁"和"配角"的作用。这种特殊位置使班组长具有双重职能,一方面,对下要解释上司的意图,传达上司的思想,执行上司的决策,对上要提供班组成员情况,提出参谋意见。另一方面又是带领组员具体实施的执行者,上司的意图和指令要通过班组长传达给组员并开展工作,达到上司所要求的结果。班组长对命令的理解和传达方式,直接影响到组员对命令的理解程度,以及执行工作的热情、进度和效果。同样,组员对企业的要求,对工作的看法和建议,也要经班组长反馈给上司,这些工作都要依托班组长的沟通能力。因此,当好班组长需要主动及时向上司请示和汇报,这有助于领会上司意图,有助于大家心往一处想,劲往一处使,形成和谐

向上、开拓进取的工作局面。

主动向上司请示汇报对促进班组长的工作及自身发展具有重要意义。这是让班组长少走弯路、少犯错误的重要方法。在班组管理上,班组长和上司都各有自己的工作与职责,每天都各自忙着自己的事儿。尽管在同一个企业,抬头不见低头见,但是如果我们随便去问某个班组长:"请问,你的上司知道你在忙什么吗?"他也许会茫然,不知怎么回答,也许有人会认为,上司对自己不要太关注,可以让自己有更多放松的时候,会让自己更自在。但是,如果班组长什么事都不想让上司知道,或者上司一点也不清楚我们在忙些什么,彼此之间缺乏沟通和了解,也就无法得到上司及时的提醒和指导。这显然对班组管理工作不利。

班组长主动向上司请示汇报是班组管理的需要。特别是对于刚走上班组长岗位的人,如不加强向上司请示汇报就不能很好地保持清醒头脑和稳定心态,就容易走上两个极端:一是工作冒进,急于求成,工作方法情绪化;二是不能以稳定的心态对待工作中遇到的各种困难和挫折,易产生明哲保身,消极应付,满腹牢骚的心态。因此,班组长一定加强与上司的沟通,以成熟稳定的心态履行工作赋予的职责。对上,要和上司保持一致,坚决维护上司权威;对下,要与组员保持密切联系,认真工作。特别是在企业飞速发展的形势下,新情况、新问题层出不穷,刚刚成为一名班组长,往往存在一些"通病":人生阅历不深,比较单纯,存在处理矛盾和问题经验不足,理论与实践结合不够紧密,心里不够成熟、不够稳重等问题。如何尽快缩短适应期,尽快成熟起来,在工作中能够独当一面,让上司真正省心、放心,这就需要班组长加强与上司沟通,因为上司处的位置比我们高,有着较高的理论素质和丰富的工作经验,更善于从全局的角度来指导工作。只有多与上司沟通,才能拓宽思路,学会站在上司的立场上辩证地看待、分析和把握遇到的新情况、新问题,头脑就不会糊涂，思维就不会混乱，就能够透过现象看本质，少走弯路，收到事半功倍的效果。

在班组管理上，班组长需要坚持向上司多请示、多汇报。在工作中，有的人可能存在对上司的畏惧心理，尤其担心在工作中出现纰漏或错误，唯恐上司责备，害怕见到上司。这种心态极不利于自己的成长和发展。事实上，任何人都难免会犯错误，犯错误本身并不要紧，要紧的是要尽早与上司沟通，以期得到上司的指正和帮助，尽快改正错误。作为班组长就要时刻保持主动与上司沟通的意识，多请示，多汇报，勇于表现，善于表现。摒弃"不叫不到"的被动做法，在恰当的时间、恰当的地点通过恰当的话题和方式与上司进行融洽的沟通，使上司了解我们的工作进展，掌握存在的困难和问题，在工作、生活上给与更多的支持。

而且，班组长通过向上司主动请示工作，能及时纠正自己工作中出现的偏差，保证上司的决策及时不打折扣地被贯彻执行；通过向上司主动汇报工作，让上司及时了解掌握工作的进展情况，便于为下一步的工作调整作出决策。通过让上司了解自己的工作，减少误会的发生。

不过，遇事多请示、多汇报并不等于事无巨细都请示，遇事没有主见，大小事不作主。作为班组长要以高度的责任心在自己职权范围内主动担责、创造性工作。该请示汇报的必须请示汇报，但决不要依赖和等待，在向上司请示汇报时要能在自己的职责范围内提出自己的主见，这种主见就是一种参谋，是为上司提供决策的依据。

总之，要成为一名优秀的班组长，首先要具备良好的政治素质、思想素质和业务素质，并要在工作中积极沟通，做好助手，精诚团结，与上司同唱一台戏。因此，班组长向上司请示和汇报时要牢记以下几点。

一是不要把没时间作为借口。有时候布置任务时，通常是紧急任务，经常听到某些班组长这样对上司说，"我手头还有您和某某安排的其他事儿呢，时间排不开呀"，等等。特别是存在多头领导时，班组长确实会手头事情比较多，但要知道，在这种情况下，上司既然仍然坚持安排，只能说明这件事是你职责内的事情，而且比较紧急。这时你能够做的是，和上司沟通事情的优先级，沟通任务交付的时间，而不是首先想到拒绝接受。

二是不要想当然。向上司请示汇报时不要想当然，首先在汇报情况时要有调研、有事实作为依据，不要在没有充分调查的情况下就说"我觉得……，肯定是……"，等等，没有调查就没有发言权。其次要在上司布置工作时听清楚任务的内容、时间要求、目标和效果等，不要稀里糊涂地接受任务，然后在最后关头偏离目标十万八千里时，才对上司说"我以为您说的是……"。

三是千万不要忘记上司的安排。一拍脑袋，满脸不好意思地说"哎哟，我把这件事给忘了……"的情景经常会发生在一些员工身上。要知道忘记上司的安排可能酿成大错，这是很严重的失误。

4. 办事公正，赢得组员的尊重和信任

在班组管理上，班组长创造出一种公开、公平、公正的工作环境，是开展工作的基础，也是顺利完成各项任务的必要保障。作为班组长，办事要公，做事要正，对待班组中的每一位成员，不偏不倚，不抱成见，公平、公正、公开地对待每一个人和每一件事。只有这样，才能树立威信，赢得组员的尊重和信任，得到组员的支持和配合，各项工作才能顺利

开展。

班组长首先要做到公开。班组长在开展工作时应当将可以公开的事项全部公布于众，这样能避免一些不必要的猜疑，人心深不可测，有些人认为不公开的事就是见不得人的事，尽管有时跟自己切身利益毫无关系，但对某些道听途说的事情也会议论纷纷猜疑一番，这样无疑会给开展工作带来麻烦，其实想一下，这些麻烦完全可以避免，只要不涉及个人隐私，及时地将上级做出的指示或是计划公布于众，也就没有了猜疑的必要。同时，适当增加工作的透明度，对增强员工企业主人翁意识有相当大的帮助！

其次要做到公平。公道自在人心，可以说，在如何看待公平这一问题上，每个人都有不同的看法，辩证地讲，要做到完全的公平是不可能的，因为毕竟人无完人，当领导的做到一碗水完全端平很难。但是很难并不意味着做不到，只要将集体的利益摆在最前面，及时做好每一位员工的思想工作，所谓"公平"还是能够实现的。能引起班组内"公平"纷争的因素有很多，譬如休息日的多少，奖金的分配等，有的班组成员对这些问题看得很重，吃一点亏就好像受到很大的损失，而有的班组成员则不是那么看重自身利益，认为大的方面不差就可以。对前一种班组成员应先尽力满足其要求，但不能过分容让，因为便宜永远不可能占够，适当的时候可以给予必要的提示！对于后一种班组成员应尽力维护，因为充满奉献思想的人很难得，要充分地维护好这类人的利益，在最困难的时候，往往是这些人可以替班组长分忧。

最后要做到公正。公正是每一个人都希望得到的。组员眼里的公正，就是做到奖罚合理，心服口服。比如每个人都有犯错误的时候，在如何处理犯了错误组员的问题上，不能上来就一棍子打死，应该先将事情的原委搞清，不管错误的性质有多么严重，惩罚只是手段，不是目的，动不动就扣奖金工资往往会适得其反，应当合理掌握惩罚的力度，必要时进行说教，既可以达到教育的目的，又能起到一定的惩戒作用。班组长对做出贡献的组员应及时奖励，如果条件允许，应尽快地将奖励结果兑现或是公布于众，这样可以避免打击员工的工作积极性，最好是能够将奖励的幅度加大，使员工乐于奉献、甘于奉献。

徐克春是某煤业集团掘进工区的生产班长。自从2007年初徐克春担任班长，他坚持公平公正的原则，凝聚人心士气。全班没发生一起破皮伤，每月都能出色地完成各项生产任务。被矿集团授予"十佳班组长"荣誉称号。

徐克春全班组有27名组员，大多数是派遣工，他办事公正。在掘进迎头，打眼是最苦最累的工作，随着机械的轰鸣震动，操作人员的身体都跟着颤动，加上刺耳的噪声，人的精力和体力消耗非常大。面对这样的施工环境，他坚持一视同仁，对挑肥拣瘦，偷懒耍滑的组员他盯着不放，看着干，手把手教，直到把他锻炼出来为止；而对于干活抢着干，能吃苦耐劳的，他也会及时调整照顾干些轻巧活。他总是笑着对组员说："我要把咱班组每名组员都锻炼成小老虎，绝不允许耍滑头。"在施工的1205运输道，由于受隔壁1207综采面回采动压的影响，顶板破碎大，底板和两帮变形快，给支护带来很大的困难。那段时间，他始终盯在迎头，冲在前面，忙的时候，人手不足，他就变成了掘进机司机，在当班所掘进的范围切割成型后，又和大家抱起风锤打锚支护。一个班下来，他的衣服湿透了，胶靴也灌满了水。就这样在水里泥里，一天又一天循环往复，不知疲倦地忘我工作着，所有认识他的人都为他竖起大拇指，夸他"了不起"。

同时，徐克春还不断总结掘进经验，摸索一套适合自己的工作思路，特别是他在分配工作时，对每一道工序，每一个人的工作效率，每一个环节可能出现的状况他都能了如指掌，因此工作安排起来得心应手，组员对他的管理能力都很佩服，每个组员的特长都得到了发挥，劳动效率也得到大幅度提高，在他的带领下，组员们齐心协力，圆满完成了生产任务。

此外，徐克春还关心大家。不管哪一个组员家里有大事小情，他总是给予支持和帮助，主动上前问寒问暖，成了组员的知心大哥，得到了大家的尊重和信任。

能否公正处事，是班组成员判断班组长优劣的一个主要标准，也是对班组长的一大测试和考验。班组长只有在工作中秉公办事，才能真正问心无愧、理直气壮地面对所有人，不管你坚守在哪个岗位，不管你有多大的权力，秉公办事是对肩负职责最好的交代。班组长公平，人心就顺，就能激发热情，就能调动起积极性，就有向心力。班组长不公就会败坏风气，造成人心涣散，自由主义盛行。

班组长是班组的灵魂。班组长只有严格按章办事，做到处理事情公平、公正，才能赢得班组成员的衷心敬佩和服从。秉公办事的人，任何时候都能坦荡磊落，得到尊重。班组长要能坚持公平、公正的原则，才能在班组中建立起公道正派的形象，在组员面前树立起威信，更好地管理班组。

5. 平易近人，关心组员也要关心组员的家庭

在班组管理上，每一个班组长都想管理好手下的组员，进而成为一名优秀的管理者，问题是：有几个班组长能拥有关怀组员的心态？如果总是在组员面前板着个面孔，或者动不动就呵斥、责骂组员，这样的班组长是没法让组员主动去亲近的。

一位大型国有企业的总经理曾多次在不同场合情真意切地强调："要怀着深厚的阶级感情，像爱护自己兄弟姐妹一样去搞企业工作……"这位老总在用自己多年的管理经验向我们指出班组管理的一个重要方法——关心组员才能搞好工作。一个班组就是一个"家"，班组长就是一位"兄长"。班组长要平易近人，不能高高在上，远离组员。作为一个班组长，只有把组员当成兄弟姐妹，经常与组员保持零距离接触，不定期和组员交心、谈心，随时掌握组员思想动向，认真了解组员的难处，以理服人，以情动人，才能得到组员的敬爱、尊重、信赖和支持，才能做好班组管理工作。

被同事们亲切地称为"华子"的高天铁路公司运输一班班长魏仲华，带领他的班组实现了常年无行车责任事故及人身伤亡事故，成为高天公司运输生产一线上的安全生产典型，被地铁处党委授予"五型班组"称号，被市总工会授予 2009 年度"安康杯"

竞赛"优胜班组"称号。多年来,他处处发挥表率作用,用诚心带队伍,用爱心帮组员,其个人获得了2010年"优秀班组长"荣誉称号。"工作时他是我们的好班长,工作以外他是我们的好大哥。"这句话是班组组员对魏仲华最由衷的评价。身为班长的魏仲华时刻把组员的冷暖、组员的困难挂在心头。工作之余,他常常与班组成员促膝谈心,了解组员思想状况,工休节假日,他经常深入组员家中嘘寒问暖,发现有困难的组员,他都会出手相助。魏仲华就是用他的这颗爱心串起了全班组成员的齐心,成为了班组成员的贴心人,并用实际行动书写了一个新时期铁路工人的新形象。

班组长在处理工作时,能主动帮助组员克服工作中的困难,调节组员的情绪,帮忙解决生活中存在的问题,这些都会使组员感受到你是可信的,可亲近的。反之,因事论人,对组员的困难置之不理,不去理解宽容,会适得其反,落得个孤家寡人。因此,作为班组长,要多帮助组员,不光要做班组成员的带头人,还要做大家的好朋友、老大哥。要从尊重人、关心人、理解人等观念出发,热情地帮助班组成员,这样才能与班组成员和谐相处。比如组员因工作不顺利而情绪低落时,就是一个关键时机。因为人在彷徨无助时,希望别人来安慰或鼓舞的心情比平常更加强烈。再如组员生病或家里有困难时,作为班组长,都应适时给予他们慰藉和帮助。这样,既可以帮助他们尽快走出情绪低谷,也可以让他们感受到集体的温暖。

班组长要善于关怀组员,懂得为组员着想。而这种善意会影响和感染组员,最终会回馈到班组长身上,班组长也更容易得到组员的尊重、理解和支持,有助于提高管理效率。很多优秀的班组长对组员体贴入微,想组员之所想,急组员之所急,以至于组员对他们感激涕零、心悦诚服。这样的班组长在组员心目中会产生强大的影响力和号召力,使班组上下一心、团结一致,高效工作。

韩索立是某煤业公司的一名优秀的基层班组长。韩索立任班长前,公司二车间投料工序,人心涣散、生产任务被动落后是出了名的。当时二车间投料工序有四个班,四个班长,共46人。但是人心涣散,一盘散沙,一人一条心,互不团结,各自为战,谁想干啥就干啥,生产任务完不成,班组人员工资是单位最低的,组员心灰意冷,形成了恶性循环,直至影响到车间乃至单位的产值产量。在这种被动情况下,共产党员韩索立挑起了班长这一重担。韩索立担任班长后,投料工序改成一个班组,设3个班长,韩索立任正班长,两名副班长各带一半人黑白二班倒。人还是原来的人,并且人员由原来的46人减少到37人,班长由原来的4人减少到3人,生产条件、客观环境都与原来别无两样,而投料班组却发生了翻天覆地的变化,从后进班组变成为公司的先进班组。有如此大的变化,正是来自于一个班长的作用,这之中的成绩和光环都凝聚着班长韩索立的心血和汗水。

韩索立面对班组的情况,首先想到的是把涣散的人心凝聚到一起,只要大家拧成一股绳,就能战胜一切困难,他用自己的真情去温暖组员那一颗颗凉透的心。他班里有一位老同志,是个老资格,技术水平高,但工资却比别的班组员工低一大节,心里不平衡,常给班长出难题,总爱站在自己的角度上想问题,时常发牢骚说风凉话,对班组安排的工作不配合。韩索立就主动与这位老同志交心,让他把自己的想法说出来,对班组有啥意见提出来,鼓励他多提合

第一章
敢于担当，获得大家的认可和尊重

理化建议，提的对就马上采纳，不对就劝他换位思考，说服他站在班组的角度上、站在其他组员的角度上思考问题，通过推心置腹的交流，这位同志有了进步。在得知其父亲病故时，韩索立班长立刻到他家进行慰问并为其提供帮助。韩索立班长的体贴和关爱温暖了他的心，使他感动不已，他的工作态度发生了很大变化。由于他技术过硬，班组的新产品、结构复杂难加工的产品安排给他负责加工，他毫无怨言。班组充分考虑到复杂产品加工难度大，对工时班产的影响，给予他适当的补贴，这更激发了他工作的主动性。现在，该同志已成为班组的生产骨干，也得到了可观的工资收入，由于他工作成绩突出，2009年被评为先进员工。

组员小刘因和妻子离婚，一人带着孩子，情绪低落、经济窘迫，甚至连水电费都交不起，他无心工作，破罐子破摔，是单位出了名的老大难，先后被安排到五车间、七车间，由于他不干活又被车间退回到原单位，是个哪儿都不愿意要的人。单位把他交给了韩班长，韩班长多次找他谈心，开导他，当他孩子上学急需用钱时，主动借钱资助他，向他讲生活、家庭责任感，用自己的爱心慢慢融化了他内心的坚冰，使他慢慢恢复了对生活的信心。浪子回头金不换，他工作有了很大进步，工时在小组总是前三名，月工资在3000元以上，有了可观的经济收入，解决了生活的后顾之忧，他干劲十足。

班组的小樊一向工作积极主动，但对冷却液过敏，一旦遇上冷却液手和胳膊上就起疙瘩，很痒，影响小樊的情绪和班产，韩班长看在眼里，记在心上，在安排工作时，尽量给他安排精车内径等不需要冷却液的岗位，小樊对班长的照顾牢记在心，并以实际行动感激班长的关爱之心，更加努力地工作，每月都是班组的工时状元。

经过韩索立班长的不懈努力,现在的班组员工思想稳定,积极向上,形成了团结、和谐、民主、进取的崭新局面。他班组的成员说得好:"是韩班长用他炽热的爱心暖热了我们的心,他用心血把我们班的成员凝聚在一起了……"只要人心齐,能把泰山移,班组的产量不断上升,从不能完成任务到超额完成任务,组员的工资收入从最低到最高,这样的班长谁都愿意跟着他干。

一个没有架子、平易近人、关心组员而又有人情味的班组长,每一个组员都会喜欢并愿意和他一起工作、听他安排。只有尊重组员,爱护组员,把组员当成兄弟姐妹,主动与组员交心,主动关心组员生活,这样的班组长才能得到组员的信赖和支持。

一个班组就是一个家。在班组这个家中班组长要像对待家人一样,要多一些理解,多一些包容。有些班组长可能没有很高的学历,却能从衣食住行等各个方面给予组员无微不至的关心,真正把组员当成自己的兄弟姐妹看待。这样组员就会信任这个班组长,并焕发出巨大的工作热情。

6. 技能精湛,成为复合型的技术与管理人才

人才需要有技术、有专业知识,才能适应市场发展,经济进步。因此,要做好班组管理工作,提高班组长的素质则是关键。目前,班组工作

最缺的就是技能精湛的复合型人才。

复合型人才就是多功能人才，其特点是多才多艺，能够在技术和管理等领域大显身手。复合型人才包括知识复合、能力复合、思维复合等多方面。当今社会的重大特征是学科交叉，知识融合，技术集成。这一特征决定每个人都要提高自身的综合素质。员工的能力素质是一个人能否进入管理岗位的先决条件，是能否胜任管理工作的主观条件。经济的快速发展，知识快速大爆炸，职场对人才要求标准越来越高。能力素质的高低，直接关系到工作效率、工作业绩的优劣。因此，班组长要从自身做起，成为复合型的技术与管理人才。俗话说，打铁还得自身硬，班组长作为一班之长，要多学习、钻业务，提高自身技术水平，特别是面对现场急难险重任务时，带头冲在前，以实干的精神和行为赢得组员尊重，真正让组员佩服。

小韩是一家矿业公司的班组长。刚参加工作时，他认识到光靠体力劳动还不够，必须掌握操作技能，才能提高工作效率。他把学习技术和安全知识放在工作的首位，向身边人学，向书本学，对不懂的技术、问题刨根问底，不厌其烦地求教，听一位技术人员讲："他呀，就是喜欢钻研，一点小问题他研究不明白，一夜都不休息。"他的钻劲儿，在全队是出了名的，也是他的钻劲儿让他很快就成了全队的技术骨干。但他仍不知足，他常说："现代技术更新快，学慢一点都会掉队，不学那不成了文盲了。"

他干一行、爱一行、钻一行、精一行。特别是去年调到综采一队以来，不管是岗位工技术理论考试、安全知识考试，还是实际操作考试，小韩总是名列前茅。他认为"艺不压身"，多学点、多记点，对安全有益处、对工作有益处，也是无论什么时候别人都抢不去的资本，更是目前干好工作的保证。由于小韩脑瓜灵，干活踏实认真，不久，就当上了班长。

都说班组安全工作难抓，管多了得罪人，管少了没人听，但小韩却偏不信："关键是你怎样抓，怎么以制度以规程去管人，以良好的自身形象增强自身亲和力和感召力去服人。"小韩善于虚心学习和借鉴兄弟单位先进班组的管理经验，踏实推进安全措施。自小韩担任班长以来，他所在的班组年年被矿里评为先进安全班组。小韩也成为了公司里小有名气的安全专家。

作为班组长，班组成员是要看你的真本事的。一个班组，班组长应当是技术权威、业务能手，才有说服力，才能管好班组。在班组工作中，班组长的能力构成主要包括以下一些要素。

一是科学文化知识和专业技能知识，如企业知识、专业知识、管理知识、心理知识和培训知识等。

二是必须具备一些基本的素养，如自我超越，心智改善，要事第一，统合综效，持续学习等素养。

三是要具备基本的思维方式，如系统思维，创新思维，辩证思维，逆向思维，逻辑思维等。

四是要具备应有的人格特征和品质，如乐业敬业、积极主动、善于思考、乐于助人、团队至上等。

五是要树立正确的价值观，如责任、荣誉、使命感、平等、尊重等。

六是要有出色的领导力，班组长的领导方式对员工的工作态度和工作效果也有重要影响。班组长应该不断改进自己的领导风格，多采用民主的方式，少用专制的方式；要使组员积极主动地工作，而不是放任自流。

班组长要能带领班组顺利前进，需要具备多方面的能力。因此既有专业技能又会管理的复合型人才才能当好班组长，才有望带好一个班组。因此，班组长必须下大力气提高自身的素质，下大力气把自己打造成复合型的技术与管理人才。可是，如何成为名副其实的复合型人才呢？这就需要班组长做到以下几点。

第一，关注自身工作，关注行业发展。班组长不仅要对专业知识掌握熟练，而且对行业的发展要有比较详细的了解。因此当你要成为一个复合型人才的时候，你就必须要对相关行业的背景和发展进行一定的了解。

第二，积极累积本职业相关知识技能。如今用人单位对复合型人才的要求主要体现在对能力的要求方面，特别是更加强调理性与务实，已经从重视人才的学历转变重视人才的工作经历。因此，班组长需要锻炼实际工作经验和相关操作能力。比如积极协助同事的工作，主动寻找额外的工作机会，争取更多的轮岗机会等。与此同时可以较有针对性地参加专业培训，这样可以帮自己更快一步走向复合型人才。

第三，发展自己的兴趣爱好。单就职业发展来说，如果班组长所做的职业也正是自己喜欢的，那职业成功的可能性也会更大。只可惜对于大部分职业人来说，所做的工作都并非自己所爱，因而会在个人兴趣上寻求寄托。所以如果班组长深度发展兴趣，并把它发展成一项职业技能，那在适当的时机就会对自己的职业发展起促进作用。

不过，单靠班组长一个人掌握全部的技术是不行的，还要带领全班人员学习业务，提高技术水平。班组长要本着干什么学什么，缺什么补什么的原则扎扎实实搞好岗位技术培训。现在我们有一种不良倾向，就是片面追求文凭，对岗位技能培训重视不够，以至于出现了问题，自己解决不了或者解决不好，过分依赖厂家和科研部门，这个问题要引起高度重视。

第二章

善于沟通，做好班组的上传下达工作

在班组管理上，善于沟通是一个优秀班组长实力的重要表现，是做好工作的必要条件。班组长要提高自身的沟通能力，既要与上司沟通好，也要与组员沟通好。只有让上司了解你计划的可行性、信任你的工作能力，才会给予你必要的支持与理解。只有让组员理解你的意图，你的方案才能得到更有效的实施，才能创造好的效益。

1. 换位思考，与上司沟通要讲究方法

在班组管理上，与上司谈工作属于工作沟通，经常会发生，但很多班组长不注意工作中的沟通技巧，随意地应对上司，常常不能真实表现自己。其实，及时汇报工作、跟上司保持良好沟通对班组长来说十分重要。班组长既是企业制度、决策及任务的传达者和落实者，又是带领组员具体实施的执行者，上司的意图和指令要通过班组长传达给组员，并组织开展工作，达到上司所要求的结果。班组长对指令的理解和传达方式的不同，直接影响到组员对指令的理解程度，以及执行工作的热情、进度和效果。同样，组员对单位的要求，对工作的看法和建议，也要经班组长反馈给上级。班组长合格与否，首先要看班组长的沟通能力如何。

班组长跟上司沟通时有一个很重要的技巧：换位思考。换位思考，是设身处地为他人着想，即想人所想，理解至上的一种处理人际关系的思考方式。人与人之间要互相理解、信任，并且要学会换位思考，这是人与人之间交往的基础。

班组长与上司换位思考，就是从上司的角度来看待公司政策、工作安排、加薪晋升等，换成上司的角度，一般就可以理解上司的意图和难处。

小王是一家工厂的班组长，平时做事认真细致，和组员关系都很融洽，可她就不善于和上司主动沟通。一和上司沟通就紧

张,出现脸红、心跳、说话不利索的状况。于是大家都认为小王害怕上司,她自己也这么认为。上司看见她这样,也就很少和她单独沟通。这样一来小王的班组工作就受了影响。她说她其实挺欣赏自己的上司,认为他敬业、有才华、对员工负责,但她不知为什么一见上司就底气不足,对和上司沟通的事能躲就躲。

有一次,因为没有听清楚上司的意思,导致上司交给她的工作被耽搁了,上司事后问她:"为什么你不再过来问一声?"她说:"怕你太忙。"上司听后很生气,告诫她要改掉这个缺点。于是,小王专门找沟通专家,锻炼自己的沟通能力,不久,小王便能自如地和上司沟通了。

在班组工作中,有一些像小王这样的班组长,发现同上司交流时会有心理障碍,总是怕上司会怪罪自己,怕自己一句话没说对得罪了上司。其实,完全不必如此。与上司沟通并不难。上司也是人,也希望与员工沟通交流,也希望建立融洽和谐的工作关系。所以,不要害怕,也不要犹豫,只要从工作的角度出发,都能做好沟通工作。你要鼓励自己,给自己增加勇气,注意说话时的语言和态度就可以轻松地沟通了。

学会与上司保持良好的沟通,这是班组长的必修课。在工作中,与上司之间充分、有效的沟通是十分重要的。班组长尤其应该多与上司交流、沟通,应该让上司随时都知道自己和自己的班组在做些什么,进展到了什么程度、做得好不好,你想了些什么、想怎么做,一来是表明你对工作是很上心的,上司自然会认为你很敬业;二来他可能给你一些意见和建议,这也对你的班组工作很有好处。那么,班组长在和上司沟通时要怎么做呢?

第一,让上司了解。班组长要经常向上司报告工作进展情况。

第二，让上司放心。对上司有问必答，用计划和数据说话。

第三，多倾听上司的看法和意见。班组长了解上司的处境，才能了解上司的言语。

第四，接受批评，不犯相同的过错。班组长要接受教训，在克服困难和挫折中成长。

第五，在上司遇到困难时要伸出援助之手。人都会有"走麦城"的时候，俗话说，和你一起笑过的人，你很可能会忘记他，而和你一起哭过的人，你会永远记住他！雪中送炭是一种大爱，你的上司会永远牢记在心。

第六，协助上司工作，要毫无怨言地接受任务。遇到上司布置任务，班组长不要讨价还价，要圆满完成任务，让上司安心。

第七，对自己的业务主动提出改善计划。对于上司来说，班组长是执行层，是专家，理应比上司更了解本职业务，应该主动提出改善计划。班组长在工作上力争干得比上司安排的多一点，想得比上司交代的深一点，结果比上司要求的好一点。

总之，尊重上司，理解上司，这是沟通工作的基础。上司需要的班组长，是一个尊重自己，站在自己的立场上，体会自己的心意，能洞察自己真正需要的班组长。班组长尽量理解上司，才能真正得到上司的信任和重用。

2. 放下架子，和组员打成一片

班组长要时刻提醒自己放下架子、弯下腰，与班组成员坐在同一条板凳上、站在同一个位置上，与班组成员打成一片。班组长在日常工作中应尽量避免打官腔，要尊重组员，放下架子，和组员打成一片，才能做好工作。否则，架子很大，高高在上、发号施令，常在组员面前板起脸，说套话，这样的班组长一定会脱离群众，如不及时改正，是会影响班组工作的。

小林是某知名大学的本科毕业生，从小一直名列前茅的他毕业后来到一家公司，凭借自己的高学历和校友关系很快就当上了班组长。但小林有一种很强的优越感，经常摆出一副"高姿态"来，不仅班组日常小事从不插手，遇到与自己意见不和的人时还会不分青红皂白地将错误归于他人。这副高傲的态度引来不少组员的不满。一次，一位经验丰富的组员提醒小林工作态度有待改变，小林非但不领情，还对他产生了偏见，认为是他妒忌自己的高学历，在打压自己的风头。时间长了，大家对大林的忍耐都到了极限，开始故意疏远他，小林被孤立起来，班组工作也受到了很大的影响。

在班组沟通中，尊重是交往的基础和前题，只有具备尊重，才有可能打开对方和你沟通交往的那扇门。小林之所以最后被组员孤立，首先是因为自视甚高，高傲的态度引起组员的不满，二是因为他听不进他人的劝告，反而对其产生偏见。在班组工作中，也许你的学历确实高于他人，但要知道，在以能力为主导的社会中，再辉煌的成就都只属于你的过去，而非现在，更不代表将来。如果一味地强调自我，不尊重他人，只能让大家逐渐远离。其实，对于每一个班组长来说，希望自己在工作沟通中更加顺畅，仅仅依靠个人形象和工作能力还远远不够。除了注意个人修养外，还要学会尊重他人。

龚师傅是某油田采油厂的一名班组长,大伙都习惯地称他为老龚,其实他才45岁。作为担任多年班组长的龚师傅深知做班组工作不能高高在上,只有和组员打成一片才能做好,因此他在工作中将组员视为自己的亲人一般,热心、亲和地对待,以诚相待,真诚沟通,从细微之处彰显人文关怀,以丝丝的暖流感动大家,为班组成员送上了一份真情和关爱,也让众人感受到班组家庭般的亲情和温暖。

龚师傅把做好班组成员的思想工作,让思想问题不出班组作为自己的工作准则,在多年的工作实践中,逐步摸索出了"摸、听、看"三字真经,正是他非常"提气"的"摸、听、看"的工作方式,使特车班形成互谅、互尊、互爱的浓厚氛围。

"摸",即要摸清家底。龚师傅随身带有个小本本,每个组员的家庭情况全都记在上面,谁家有点啥事,他第一时间赶到,绝对摸不错家门。新来的员工,第一次见面他必定盘问个底朝天,家庭住址、父母的身体、孩子的年龄等,那一刻,他那小本子就开始记录了,而且绝不会记错。班组里一名老师傅生病住院,员工们去看望。龚师傅笑着说:"您安心养病,有困难就跟我们说,不能太累了,还要照顾老人,孩子又不在你跟前,顾不了你。"老师傅没想到龚师傅对自己的家庭情况了解的这么细。事后别人问他:你怎么知道他家的情况啊?心够细的了。龚师傅笑着说:班组就像一个家,每个人情况摸清、理顺了,就会及时给他们送上关心,让家里的每一个成员体会到温暖和关爱。

"听",即要善于倾听。有时候,倾听是最好的良药,在此,

第二章 善于沟通，做好班组的上传下达工作

他把握两个环节。一是当好"听客"。顺气是做好组员思想工作的重要前提，通常组员家庭出现矛盾、邻里纠纷或是遇到一些不开心的事，很想找个人倾诉一下，以发泄心中淤积的情绪，消解心头的愤懑，这时就要有个忠实的听客，不善言谈的龚师傅就是最好的人选，等组里的组员发泄倾诉完了，他便及时上前安慰，只一句：没事了吧，天底下哪有过不去的坎，心里痛快了咱就干活去，呵呵。二是做好调解。在一次工作安排后，他听别人说有两名组员闹矛盾了，不愿意在一起干活。这是咋回事啊？平时这哥俩关系很要好啊？于是他赶紧了解情况。原来是当月奖金发放时，自己多给其中一名组员20元钱造成的，这干同样的岗位，出勤天数也一样，为啥他就比我多呢？少拿钱的组员想不通。了解真相后，他便在工余时间及时与两个人交流、沟通，化解了矛盾。现在，该班定期召开恳谈会成了雷打不动的制度，大家相互之间不遮掩、不护短、不姑息，矛盾被消灭在萌芽状态中。

"看"，即要察言观色。俗话说：眼睛是心灵的窗户，透过眼睛就能洞悉人的心灵。脸上的表情是人内心活动的窗口，心里有了情绪，脸上就会或多或少地表现出来，日常的语气中也会生出埋怨的味道。龚师傅在多年的工作中，凭着勤奋和细心，对班组中所有组员的脾气、秉性做到了如指掌，无论哪个组员，只要情绪出现任何异常或细微变化都逃不过他的火眼金睛，只要当天组员说话的语气跟平时有差异，他通过面部表情就能猜个大概。正是他敏锐的观察力，能够确保组员无情绪上岗，而正是龚师傅在工作中不厌其烦的"唠叨"，该班组一直团结协作，积极向上，多次被公司评为先进班组。

在班组沟通管理中，班组长应该放下架子，让每个组员都感受到他的关怀和温暖，这样才能和组员打成一片。因此，班组长在生活中、在工作中决不能小看了沟通的作用。班组长在沟通中必须树立起平等观念，尊重组员，千万不可有自己是干部，处处高人一等的思想。在此，有以下原则供大家参考学习。

第一，尊重组员。班组长应像尊重自己一样尊重组员，始终保持平等的心态，更多强调组员的重要性，强调组员的主体意识和作用。组员感到自己被尊重，因而激发出与班组同甘苦的心态。将尊重组员贯穿在班组工作中。尊重体现了班组长的素养。

第二，抱着合作的心态工作。班组里管理者与被管理者的矛盾是存在的，但是通过合作关系的确立，可以改变班组的工作氛围。

第三，把组员当成自己的内部客户。班组长要把组员当成自己的内部客户，只有让内部客户满意才可以更好地服务外部客户。班组长是为组员提供服务的供应商，要做的就是充分利用企业现有资源为组员提供工作上的方便以及个人的增值。

第四，学会欣赏组员。当一个人被赏识的时候，他可以受到极大激励。作为班组长，首先要以欣赏的眼光对待班组的成员，并且让他知道。

第五，共同分享知识和经验。分享是最好的学习态度，也是最好的班组文化氛围。班组长与组员在工作当中不断地分享知识、分享经验、分享目标、分享一切值得分享的东西。

班组管理其实很简单，只要与组员保持良好的沟通，让组员参与进来，至下而上，而不是至上而下，在班组内部形成良性运行的机制，就可实现真正的管理。

3. 发扬民主作风，坚决不搞"一言堂"

发扬民主是现代管理的基本原则。班组民主管理，是班组全体成员依照法律规定，通过一定的组织形式，对班组权限范围内的事务，行使民主管理权力的活动。既是班组成员的一种权利，也是班组管理的组织形式，同时又是班组管理文化的重要内容。

民主管理的宗旨就是要在班组内形成一种民主、自由和公平公正的风气，使每一个班组成员享有充分的权利和自由。有些班组长经常摆出一副高高在上的姿态，对组员抱着"你就得听我的，不愿意干就走人"的心态，他们独揽大权不说，而且爱搞"一言堂"，根本不把组员的意见和建议放在眼里，也不给组员发言的机会。他们把自己的权力发挥得淋漓尽致。

然而，这样独断专行，爱搞"一言堂"的班组长注定要遭遇悲剧。没有人是不犯错的，班组长再有能耐，不听别人的建议，犯错了自己还浑然不知，早晚会摔跟头。对此，我们要高度警惕。

发扬民主作风，不搞"一言堂"最重要的是班组长要严格执行各项制度规定，不能个人说了算，更不能搞独断专行。班组长要增强民主意识，虚心听取各方面意见，善于和班组成员团结共事，自觉接受群众的监督，共同推动形成心齐气顺、风正劲足的局面。一个班子里，只有充分发扬了民主，有了浓厚的民主氛围，各种不同的意见才能得以充分发表。在对不同意见的讨论中，才便于集思广益，博采众长，形成共识，班组成员之间才能互相学习、互相尊重、互相谅解、互相信任、互相支持，才能在工作上更加努力，完成工作任务。

"班长当起来看似简单，却没想到要考虑这么多的问题。""是啊，以前因为分配不公还和班长吵架，自从实行了班组长轮值法以来，现在才知道自己以前有多么……"这是某电厂班组会上的一段对话。

为了推进班组管理，这家电厂开展了"班组建设抓什么""员工积极性怎么调动"等班组建设大讨论，得出的结论是：组员的积极性没有得到充分发挥，班组的凝聚力、创造力没有得到充分调动。为此，电厂工会摈弃传统的班组管理模式，引入实现民主管理的轮值管理体系，创新实施了"人人都是班组长"班组管理模式。

班组长轮值法就是采取轮值制度，班组每位成员都有担任班组长、班委，参与班组管理的机会，让人人都去参与班组事务的管理，充分发挥每个人的潜能优势，让每个人都去操心班组事务，做到安全生产、文明生产，使经济效益最大化。班组长轮值并不是抛弃以往班组长的管理，而是在保留原班组长任职的基础上让轮值班长靠前指挥，行使安全管理权、生产组织权和考核分配权。经评议合格的轮值班组长，享受正式班组长薪酬待遇。实行班组长轮值后，确立管理体制，实现班组长、轮值班组长和班委共同决策的机制，原班组长管理角色和风格发生转变，工作中多提问、多激励、多指导、少说教、少批评、少干涉，尽量让轮值班组长更多地参与班组管理，原班组长扮演的角色不再是班组的"工头"角色,而更多的是教练角色。班组在轮值班组长、班委带领下参与班组事务管理和现场安全生产组织,实现人人负责、人人管理。这一制度使班组成员得以更快地成长,班组整体战斗力得到提升。

民主管理通过组员参与管理,使组员及时了解班组的目标、个人的任务,能够满足组员得到尊重与信任的需要。班组层面的民主管理一方面要执行企业特别的规定,一方面要立足本组实施多样化民主管理。这样才能营造一个有活力的班组集体。在工作中,班组长要注意提倡民主活动有实际内容,真正让组员参与进来,并对参与意见给予合理的使用,不要留给组员一种形式主义的印象。此外,班组长要注意民主管理是要集思广益、让大伙儿献计献策;但由于不同组员切身利益的不同、观点立场各异、能力知识的不同,提出的建议有些是可行的,而有些则不是可行的。在这种情况下,就必须对各种意见和建议进行分辨,只能实施正确的和可行的建议。同时,民主是要尊重民权、体现民意,但并不是没有原则的民主。对于那些打着民主的幌子为自己谋私利的组员,也绝不能纵容。因为民主是有原则的,也就是要尊重大多数人的真实意愿,要符合班组的整体利益和企业的大局。

在班组中,实行民主管理,营造民主气氛,应主要从以下途径入手。

一是要培养民主意识,形成组员重视参与、敢于参与的风气;要坚决杜绝班组长的一言堂作风,在大事小事由班组长一人说了算的管理方式,既不符合企业的利益要求,也不符合广大班组成员的利益诉求。

二是要加强班组中的各种有效的管理制度的建设。民主管理不仅体现在行为方式上,也体现在完善的管理制度体系上。因为有了好的管理制度体系,班组成员的行为和企业生产就会有章可循,在重大问题上就不至于由班组长一人说了算。

三是要加强班组的民主文化建设。如重视班组会议的作用,重视班组成员组织的重要性,班组长要养成民主作风,开展一些有助于形成民主风气的活动等。

4. 倾听组员意见,经常开展谈心活动

在班组管理上,班组长要善于倾听组员意见,注意经常开展谈心活动,做到有意见及时交换,遇到难题随时通报,形成一个讲团结、顾大局的管理集体。倾听是一项非常重要的技能。在与组员沟通的过程中,如果班组长是一位善于倾听的人,会发现组员自然而然地被吸引。组员会更加信赖班组长,这种和谐关系也会进一步加深。当然,因为倾听和理解,组员与班组长的沟通也变得不那么困难了。

班组成员小李师傅因为工作失误遭到了厂里的处罚,从此消极怠工,毫无积极性可言,心想能混就混。班组长老张主动找他谈心,给他讲了一个自己的故事。那还是五年前的一件事,老张当时是班里的技术员,一次他费尽心力地去做某项技术攻关,本想得到上司的肯定与表扬,不料因为出现微小差错被上司否定和批评,嫌他没事找事。起初他感觉心理非常不平衡,觉得自己不过犯了一个小错误,但出发点还是好的。后来老张想通了,因

第二章
善于沟通，做好班组的上传下达工作

为，无论你做什么样的创新或者想去完善工作，如果带来效益有所改善，获得赞誉是必然的，但是因为自己的尝试和疏忽而给人带来困扰，就只能说是好心办坏事了。自己的辛苦没有得到肯定也就没有什么可以抱怨的了。

小李听了这个故事后做了深刻的反思，他想，为了做改善、做突破犯了小错误而被批评，老张都能坦然面对，自己却是因为触犯了企业规章而受罚，那受处罚是应该啊。于是有些愧疚。自此以后，小李又重新燃起工作的热情，并时刻与班长老张保持沟通，请他指导自己的工作。

如果没有必要的沟通，小李师傅的心结也许还会存在。然而，经过一番促膝谈心，小李的心结解开了，以更大的热情投入到工作中去。许多班组长却常常犯这种沟通错误——不愿倾听。实际上，组员对企业及班组有不满情绪在很大程度上就是沟通出了问题，是由于沟通不畅所致。因此，不会倾听的班组长自然无法与组员进行畅通的沟通，从而影响了组员的积极性。其实，解决这样的问题正需要通过真诚的沟通来解决。

每一个班组长都想管理好班组成员，关键在于如何管理，是真诚沟通，还是强势压人，从表面看，似乎都能达到管理的效果，但管理的理念完全不同。美国心理学家佛格森曾说："每个人都有一扇无论晓之以理还是动之以情都无法从外面打开的门。"靠强势压人式的管理，由于在这过程中组员往往不被理解而本能地产生抵触情绪和对抗行为，结果往往是压而不服。而真诚沟通式的管理，通过晓之以理的互动交流，使得各自对对方都有一个比较全面的了解，就容易求同存异，服从管理。尤其是在一个管理环境中，身为被管理者的组员一般来说是弱势群体。当他感到班组长是在以势欺人、以权压人时，他一定会感到很不舒服，不会快乐地去工作。

>   小刘是个高材生,但刚开始在一家企业干了一段时间觉得压力太大,产生了畏难情绪,于是找到班组长老林提出辞职。班组长老林当时没有答应他,只说:"难道你想以一个失败者的形象离开公司吗?"鼓励小刘将最困难的事项列成清单交到班组车间。随后,班组长老林主动帮小刘解决了清单上的各种问题,并每周主动约小刘下班后沟通思想。这之后小刘进步很快,过了半年,班组长老林再次问小刘是否还想辞职时,小刘显得很不好意思了。这时,班组长老林告诉小刘:"如果当时让你走了,虽然你可以到其他企业从头干起,但会给其他组员造成不好的影响。再说,你没能持续而完整地在这里积累管理经验,也是个很大的遗憾。另一方面,车间一时也找不到合适的人来。如果当时你真走了,这说明我们的管理肯定存在严重问题,是我们的失职呀!"

老林的做法既是对小刘负责,也是对企业负责。有责任心的班组长才会这样留住人才。所以,班组长要具备善于沟通的能力。作为班组长,要创造条件让每个人的积极性都得到充分的发挥。班组管理要充分注重人性化,通过充分尊重人、理解人、信任人、帮助人,达到感染人、熏陶人、激发人、凝聚人的目的。

班组长在生产工作中,要时刻让班组成员感觉到班组长不仅能够给班组带来和谐的人际关系,同时还能保持稳定与发展,给班组成员安全感。所有的组员都喜欢在一个人际关系融洽又有安全感的环境里工作。工作中,班组长要真心尊重在一线操作的组员,充分肯定他们在班组生产经营活动中的主体作用,充分尊重他们的经验和劳动,及时听取和采纳他们的合理意见及建议,在强化岗位职责的同时,尽可能给予他们最大的工作自主性,有效调动其主观能动性,充分发挥其主人翁意识。只有这样,才能搞好班组工作。

5. 灵活运用微信、QQ 等通讯方式沟通

进入 21 世纪,网络已成为我们现实生活中一个重要组成部分。对此,班组长也要紧跟时代潮流,学会网络时代的新技巧,灵活运用微信、QQ 等通讯方式沟通班组工作。

随着用户对移动互联网通信互动日益高涨的情绪,微信以快捷便利的注册方式,丰富生动的动画表情和个性涂鸦,贴心方便的语音功能和群聊、强大先进的日程位置整合、加之具有国际性沟通的绝对优势,可以说覆盖了用户所需的各个方面。微信不仅是一款全能型的通信类软件,其强劲的功能和人性化体验设置,让它具有强大的沟通能力。不管生活还是工作,大小通知几乎都使用微信。因此,班组长掌握微信沟通技巧,能够提升沟通效率,给自己和他人带来很多便利。

一天晚上,某车辆段动态检测车间班组长小胡收到维修员徐卫华发来的微信,询问 TFDS 服务器的故障处理流程。胡班长当即使用微信的语音、图片传输等功能给予了指导,小徐很快就处理好了故障。这让胡班长有了新的想法,使用手机微信协助班组

管理和设备检修。现在小胡的单位，班组通知，微信发布；设备检修任务，微信告之；事务安排，微信联络；设备故障处理，微信交流。由此带来的便利，使得班组的管理变得更简单有效，设备检修和故障处理变得更快捷和高效。

过去，面对班组的各项繁杂事务，小胡经常感到疲于应付。上级的文件、班组的工作安排经常要打电话逐个通知到人，特别是麻烦的设备故障处理，使用电话和短信沟通费时、费力、费钱。如何能让这些事情处理起来更简单、有效，胡班长想到了经常使用的微信。微信是近几年流行起来的通信软件，仅耗费少量的网络流量，就可以实现便捷的文字、语音、图片传输功能。加之班组同事使用的都是智能手机，胡班长与同事一商量，统一在手机上安装了微信。经过近一个月的使用，工区的同事为微信带来的出乎意料的便利赞不绝口，每天在微信上查看班组信息发布已成为习惯。班组长小胡借助微信的帮助，感觉到班组管理也轻松了许多。

小微信大作用，能够助力提升班组管理水平。班组长在班组管理上使用微信交流，搭建沟通平台，能及时向班组成员传达上司的工作指示和要求，以及本班组当前在工作中的注意事项，并对其进行针对性提醒。过去班组开展各种活动或传达上级指示精神时需要逐一打电话告知，建立了微信群后，各种通知往往在几分钟内即传达到位，大大提高了工作效率，减少了工作环节，缩短了空间距离。不仅如此，组员在工作中好的经验、做法或是遇到的疑难问题，通过微信群随时反映，随时交流，不但加快了学习交流的脚步，而且信息传递更加顺畅。可见，新的信息平台进一步发挥了促进工作的作用，同时增进了同事之间的友谊，增强了团队的凝聚力。

每天早上，沈阳某公司的班组成员都会上QQ群。班组成员认为"这个QQ群真的很实用，我们现在采用小四班的倒班制度，平时在家休息的时间比较多，这样上班时就有很多新规章、新制度无法对应得上，自从有了QQ群，这公司的大大小小的事坐在家里就知道了。"由于执行小四班的倒班制度，班组成员大部分时间都是在家休息，很难掌握公司的信息动态。为提高班组成员现场作业安全，标准化现场作业行为，助力安全生产，保证信息政令畅通，公司班子研究建立了班组管理QQ群，只要进入群里就知道最新消息。

QQ群让班组管理更轻松，运行以来，倍受组员的好评。如今，群里的内容十分丰富，包括作业计划、重点任务提示、设备隐患实时播报等日常信息。同时，还有各类运行操作提醒，也有温馨安全提示和安全实时通知。值班人员在现场巡视发现违章行为，第一时间拍照取证，并以图片的形式，将违章作业照片发到群里，警示作用大大增强。

QQ作为时下中国最流行的即时聊天工具，同时在线人数已经早已破亿。QQ在给我们日常生活交友带来方便的同时，也在我们的工作中发挥着越来越大的作用。班组长善用QQ沟通交流，会给班组的工作带来意想不到的效果。据了解，过去很多企业由于担心员工利用即时通信"闲聊"，对市场上即时通信进行"封杀"。而随着利用互联网来提升企业沟通效率、加强内部管理、降低运营成本的趋势日趋明显，一些企业纷纷解禁即时通信，开始利用QQ与客户进行交流沟通。可以说，QQ群给传统的班组管理插上了现代化通信工具的翅膀，增进了各岗位、各工种之间的沟通和协调，有益于提升班组整体管理水平。

总之，当今社会是一个信息化的社会，企业的发展则需要紧跟时代的脚步，朝着信息化方向发展。因此，班组长要善于采用信息沟通方式，缩短信息传递时间，使工作更加便利化。

6. 调控心理，控制沟通中的不良情绪

在班组管理上，良好的人际沟通首先取决于双方的心理是否健康。只要沟通的一方存在一定的不良情绪，沟通就难以顺利进行。不良情绪是指一个人对客观刺激作出反应之后所产生的过度体验。焦虑、紧张、愤怒、沮丧、悲伤、痛苦、忧郁等情绪均属于不良情绪。我们的内心就像一个容纳情绪的大水库，各种积极的、消极的情绪都被装在其中。而我们在每天的工作和生活中所获得的情绪都在不断地填充着这个情绪大水库。日积月累，水库的水位越来越高，就需要开闸放水缓解压力。因此，班组长要学会管理情绪，控制情绪。一方面合理地宣泄和调节自己内心的情绪，避免心理承受了过多的负面情绪而"决堤"。另一方面也要注意班组成员的情绪问题，及时化解负面情绪，避免产生问题。

在一家企业就任班组长的刘女士由于同事的工作失误，她也连带着受到了主管的严厉批评，为此，她觉得心里很窝火。下班后刘女士黑着脸去幼儿园接了女儿搭公共汽车，人还没上车，司

机就关门，门把她的左胳膊给夹住了。疼虽不怎么疼，只是司机的工作态度未免太不认真，叫她生气。为此，她和司机发生了争执。

刘女士下车后，孩子闹着要她抱，她憋不住大吼一声："妈妈累，自己走！"孩子惊异地盯着她，一脸要哭的样子。

晚上回家，郁闷到了极点的刘女士，灰头土脸地进门，丈夫一句问候的话都没有，她又不由得生起气来。闷着头吃完饭，为了谁洗碗的小事推来推去，说着说着，他们的火气都被点着了，开始横眉竖眼，大吵起来。

作为班组长的刘女士受了主管的批评，情绪不好，心情十分不畅快，结果引发一系列不愉快事情的发生。这就是不能控制情绪的后果。在班组管理上，班组长也会有情绪低落的时候，作为一个有理性的人不应该让自己的负面情绪到处蔓延，更不应该向别人宣泄自己心中的愤怒。必须学会调节自己的情绪，理智客观地处理所有问题。

组员情绪的表现分为两类：一是负面情绪；另一种是正面情绪。就目前班组管理而言，对负面情绪进行管理是尤为重要的，因为负面情绪的长期蔓延必将导致组员工作效率降低、工作失误增加、沟通不畅、班组成员间关系不良，最终影响企业的运营效率和整体业绩。

马某是一个工厂的班组长，他吃苦耐劳，工作能力也得到了上司的充分认可。在平时，马某与班组成员之间的相处也算融洽，然而一次获奖后，由于班组成员没有热情祝贺，这让马某感觉大家都在嫉妒他的才能，总用一种异样的眼光看他，他觉得组员们一定在背后说他的坏话。因此，他为了此事公开地与班组成员进行过一次交流,然而大家否认嫉妒他的才能,马某却认为他们是在为自己辩解。渐渐地,他身边的工友们都疏远了他,这更让他确信是他们在嫉妒。

在这种心理的驱使下,马某的行为愈发让人捉摸不透。他经常与工厂的负责人顶撞,他认为上司的想法是错误的、可笑的。马某开始我行我素,说话办事完全不顾及他人,全凭自己的想法,他认为他比这个班组中的所有人都强,他们之所以不认可他是他们都针对他嫉妒他。到了最后马某的这种想法已经走向了极端,他开始刻意避免与任何人进行交流。可是即使这样,他依旧认为周围的所有人都在针对他。上司发现了马某的变化,认为他不再胜任班组长的工作,于是将他调离了原有岗位去看守一个仓库。马某不但没有反思自己,却想一定是背后有人捣鬼说他坏话,致使他被无故调离了原来的工作岗位。

在这件事发生后,马某固执地认为是上司故意整他,于是将这件事情上报给了上级部门。但是,经过上级部门的调查,发现马某的心理状态确实不再适合原来的岗位,因此对他进行了告诫。马某与上司的关系也因为这件事进一步恶化,最终只能被迫选择离职。

当心情出现波动和异常的时候,很容易产生疾病,也容易影响正常的生活、学习和工作。马某就是不懂得调控心理,影响了与大家的沟通。在与他人沟通时,心理情绪会在很大程度上影响着别人的态度。因此,我们要注意排解不良情绪,一旦出现,须及时进行调整。

不良情绪会失控,不仅影响正常的工作和生活,还会影响身体健康。随着生活和工作节奏不断加快,组员情绪化的问题越来越突出,给企业和个人都造成了直接的负面影响。比如，一些组员相遇，开口就是："今天真郁闷。"还有的组员说："今天我心情不好，真没劲，别理我，烦着呢。"这些情绪都会带来不良的后果。那么，班组长应该如何控制沟通中的不良情绪呢？

(1) 做好工作任务梳理

之所以产生不良情绪，可能是因为工作不顺心。那么首先就把工作任务梳理好，有困难的工作向上级汇报，寻求解决的方法。如果工作没有问题，相信坏心情也很少会出来。

(2) 跟班组成员友善相处

除了工作，私人的问题也很容易引起坏心情。平时跟班组成员相处，做好自己的事情，不要随便开玩笑，组员的事情不该插手的也不要去随便干预。

(3) 学会就事论事

人与人之间的相处，无论如何都会有矛盾。但是矛盾过去就过去了，没有必要一直记着。对待工作的正确方式，是就事论事。不要因为跟某个组员有过矛盾，就一直跟他对着干。

总之，身在职场，为了理想也好，为了生存也罢，我们被各种情绪充斥着，但班组长不能被不良情绪控制。情绪化的后果往往是把事情搞得越来越糟。在工作之中，班组长会因为不良情绪而影响了自己能力的发挥，造成一些不应有的损失。因此，班组长要善于调控心理，控制不良情绪，做好沟通工作。

第三章

巧于激励，鼓足组员的干劲和士气

奖罚分明是班组激励管理的原则。干得好就奖，干得赖就罚，绝不能含糊。作为重要的激励手段，物质奖励是必要的，但一定要慎用、少用，避免出现攀比现象，引起猜忌，破坏班组和谐氛围。而且，如果总是要靠物质刺激来激励组员，就说明薪酬体系有问题。激励更多的应该是精神层面的，最有效的就是对人真诚、尊重和信任，对成绩及时给予有效的肯定。

1. 描绘蓝图，为组员树立美好的愿景

对于一个班组来说，共同愿景有利于班组工作水平的提高和成员个人的成长。愿景是一种由组织领导者与组织成员共同形成，具有引导与激励组织成员的未来情景的意象描绘，明确勾勒出企业在未来社会是什么样子及达到什么样的状况。愿景反映了企业对长远未来的追求与理想，表达了企业对于未来的梦想、憧憬和渴望，对企业发展起着重大的指引作用。愿景正如企业前行的灯塔，企业在扑朔迷离、变化莫测的市场大海中航行，需要灯塔的指引才不会迷路，才会即使处境凶险，仍然信念不灭、信心不减，战胜一个又一个困难，走得更远。

愿景是企业员工脑海中真正所持有的意象或景象，而不仅仅是文字所描述的景象。真正的愿景是员工对企业未来的憧憬、是渴望实现的愿望、是毕生为之奋斗的梦想。愿景描绘了企业令人向往的未来，是企业长期恪守的奋斗目标，是企业战略的方向舵，它指明了企业的发展方向。

伟大的公司都会建立远大的企业愿景作为特别有力的机制来刺激企业进步。远大的愿景可以促使大家团结一致集中于这种伟大的目标，激发所有人的力量。借助愿景，培育与鼓舞组织内部所有人，激发个人潜能，激励员工竭尽所能，增强组织运营能力，提升客户满意度。亨利·福特在100年前就提到自己的愿景：使每一个人都拥有一辆汽车，最终通过引进流水线，降低成本，实现了这一愿景。微软公司二十多年前的愿景是"计

算机进入家庭，放在每一张桌子上，使用微软的软件"，微软公司通过全体员工的努力，最终实现了这个愿景。因此，企业任何时候都需要有愿景的指导。一个企业没有愿景犹如一个人没有理想与追求，很难有所成就一样。清晰明了的企业愿景，不但为管理者在资源配置和发展方向提供了明确的方向，而且还能激发企业员工对未来已确定的发展道路的热情与激情。

愿景对于企业发展的引领作用很大，对于班组亦是如此。班组的愿景不只专属于班组长所有，班组内部每位成员都应参与构思制订愿景与沟通共识，透过制订愿景的过程，可使得愿景更有价值，班组凝聚力、向心力增强，干劲十足。班组的愿景还是班组奋斗的远大目标和蓝图。班组长和蓝图之间的关系就像播种者和种子一样，班组长要将一个理念播种下去，然后悉心呵护并保持它在组员心目中的生命力。班组发展离不开美好的愿景和伟大的蓝图，离不开宏伟的目标和合理的计划。班组长应该把班组的愿景和蓝图告诉组员，把自己的梦想，把班组的梦想和目标传达给组员，与组员一同分享，以激发组员无限的斗志和工作激情。要让组员看到班组是充满希望的，这样组员才会有希望。

班组长善于为组员树立美好的愿景，能在普通组员的头脑中刻下深深的"烙印"，极大地鼓舞组员的工作斗志和精神，增强组员对班组的认同感，同时也在告诉组员只要努力付出就会有回报。因为班组管理这件事，只有班组长一个人努力是不够的，要让班组全体成员都清楚明白班组的目标。要每一位组员都清清楚楚明白班组的愿景与目标。实现目标共有，才真的有机会成功！所以，作为一个成功的班组长，必须善于描绘蓝图，为组员树立美好的愿景。

2. 鼓舞士气,为班组树立正确的激励榜样

榜样激励是指班组长选择那些在实现目标的过程中做法先进、成绩突出的个人或集体,加以肯定和表扬,并要求其他组员学习,从而激发班组成员工作积极性的方法。运用榜样激励法,首先要树立榜样。其次要对榜样的事迹广为宣传。再次是给榜样让人羡慕的奖励,这些奖励中当然包括物质奖励,但更重要的是无形的受人尊敬的奖励,这样才能增强榜样的引领、带动作用,使班组成员学习榜样的动力增加。

小黄是一家公司的优秀班组长。初进公司的时候,小黄有一个月的见习期,见习期结束之后,要写一篇报告。而小黄则是每天写一份报告,他用复写纸一式两份,一份交给人事处,另一份交给见习班组的班组长。写报告的目的,倒不完全是为了表现写作才华,而是希望上司给自己一个回馈;同时,也希望自己作为一个新人,能给公司一些建议。一个月后,小黄觉得学到的东西远远不够,于是就单独申请,要求再见习。又实习了三个月。实习的收效非常好,几乎每一道工序他都动手实践过。经过见习期和试用期,小黄成为正式员工。当时的班组长号召组员都向小黄学习,学习他认真负责的精神。一年以后,小黄当上了班组长,这在公司是前所未有的,通常员工到达这个职位需要三年左右

的时间。小黄身边那些一起进厂的员工，看到他这么成功，自发地向他学了很多东西，也都进步了不少。

在班组管理上，榜样的力量是无穷的，榜样是一面旗帜，使组员学有方向、赶有目标，能起到巨大的激励作用。作为班组长应该要善于抓住班组内的先进典型，弘扬班组的闪光点。年度先进工作者、劳动竞赛优胜者、岗位操作能手、公司标杆员工等，都可以成为班组的先进旗帜。班组同样需要用先进榜样的力量感召人、说服人、影响人，使大家感到先进就在身边，激发组员在工作中学习榜样的热情。这样做能够使本班组成员认可榜样文化，使组员在心理上产生认同感，激励组员不断进取，从我做起，他人进步我高兴，他人进步我跟上，不甘于落后，以先进的榜样为赶超目标，保持奋发向上的心态。

为充分发挥榜样的激励作用，班组长要注意如下几点。

第一，榜样先进事迹的实际性。

第二，引导组员正确地对待榜样，既要学其所长又要防止机械地、形式主义地模仿榜样。

第三，召开介绍与表扬先进事迹的会议，形式隆重、气氛热烈，从而激发组员敬慕榜样的心情。

第四，关心榜样的不断成长，教育他们戒骄戒躁，发扬成绩，克服不足，不断前进。

榜样就是一面旗帜，可以鼓舞人心、传递力量。榜样就在身边。班组长要善于为班组树立正确的激励榜样，选择成绩突出、品德高尚、作风正派的组员，介绍他们的光辉事迹、业绩，将能收到意想不到的效果。能够鼓舞班组成员的士气，推动班组工作不断进步。

3. 灵活使用物质激励和精神激励

激励的本质是以一种外力作用影响人类个体自主行为活动的选择，使个体选择符合集体利益的行为。人类进行一系列行为活动是以某个动机为触发点，而动机源自于人类个体的需求，个体各层次不同的需求刺激动机萌动。马斯洛需求理论将人类个体需求总结归纳为五大层次：生存需要，安全需要，社交需要，尊重需要以及自我价值实现的需要。人类的各种行为选择都是基于满足这五大需求层次的需要。个体可以通过自身和外界力量改变需求的满足比例，激励正是以此心理学理论为基础产生的，以外力改变个体行为选择达成改造行为目的的一种手段。

一般来说，激励划分为物质激励和精神激励两种截然不同的模式。

物质激励是以满足人们物质欲望为基本出发点，通过人类本能需求的满足来调动人的向上的积极性，刺激生产动力的一系列行为手段。物质激励模式主要以额外奖金、增加薪水酬劳等直接方式实现。在我国目前的生产力水平条件下，人们的物质生活尚未得到充分满足，以物质激励的方式刺激生产动力是不可缺少的一种激励手段。企业在经营过程中是以企业员工为最根本生产动力，可以说员工是一个企业的形之所在。而在当前尚不富裕的物质生活条件下，刺激企业员工进行生产活动的部分动机在于挣钱，企业想要保持形而不散的发展状态，除了提供能够满足员工基本生存需要的薪资酬劳之外，还要建立起科学有效的奖励机制，带动员工的劳动积极性。员工的劳动所得薪酬是让员工保持工作效率的推动力之一,也是保证企业呈向上发展趋势的基本要求。通过物质利益的诱导,刺激企业员工潜在劳动积极性,作为一种科学手段运用物质激励对企业活动进行管理。

精神激励是指精神方面的无形激励,以满足精神上的需求为最终目标,通过有效手段影响人的心理活动路径,从而激发动力,影响个体行为的选择。精神是人的魂之所在,只要有思考能力,精神便是永存于人体内部的秘密花园,精神激励模式也将会像"永动机"模式一般,成为产生不竭动力的秘密之源。个体积极性是受物质利益激发,而个体在精神需求上获取的满足感相较于物质需求的满足是更高层次的动力所在,拥有更加持久而强大的推动力量。同时,精神激励具有从情感出发,非报酬方式,高效能激发三大优势,对企业而言,能够从单纯的物质给予的方式中跳脱,另辟一条途径,保证在职员工的劳动效率。

那么,班组长如何正确应用物质激励与精神激励呢?美国哈佛大学教授威廉·詹姆斯通过研究发现,在缺乏激励的组织环境中,员工的潜力只发挥出20%~30%,而在良好的激励环境中,同样的员工可以发挥出其潜力的80%~90%。可见,在企业管理中,每一位员工都需要被激励。然而,在组织中如何正确使用物质激励与精神激励则是个仁者见仁、智者见智的话题,必须结合组织的特点、发展的阶段、员工的素质等多方面因素统筹考虑。物质激励与精神激励作为激励的两种类型,是相辅相成、缺一不可的,只强调物质激励而忽视精神激励或只强调精神激励而忽视物质激励都是片面的、错误的。

在实际工作中,一些人总以为有钱才会有干劲,有实惠才能有热情。正是这种片面的理解,致使部分人斤斤计较、唯利是图,甚至弄虚作假、违法乱纪,给组织环境和社会风气都带来极大危害。另有一些人总爱把大道理挂在嘴边，只讲贡献不讲需要，只讲觉悟不讲利益。为了避免以上两种片面性的发生，防止"单打一"现象的出现，在激励中一定要坚持物质激励与精神激励相结合的原则。当然，强调物质激励与精神激励相结合，并不是不需要有所侧重，一些心理学家所做的试验说明了激励的强大作用，还生动地揭示出精神激励比物质激励所具有的优势，为侧重精神激励提供了一定的行为依据。作为一名优秀的班组长，应该灵活掌握两种激励模式的激励手段和方法，将两者有机结合，达到最大的激励功效，提高班组生产效率，促进生产效益的提升。

4. 多用情感激励，打动组员

人与人的交往，一要谋求情感方面的交流，二要实现信息方面的沟通。人都是有感情需要的，而组员又特别希望从班组长那里得到尊重和关爱，这种需求得到满足之后，必定会以更大的努力投入工作。班组长和组员之间信息的交流，可以增强彼此的信赖感和了解程度。在班组管理上，班组长体察到了组员的想法、了解组员的才华能力，在分配具体工作时能够做到人尽其用，干起工作来就会得心应手，事半功倍。

据国外科学家的测定：一个人平常表现的工作能力水平与经过激励可能达到的工作能力水平存在着50%左右的差异。可见人的潜能是何等巨大！这就要求班组长既要抓好各种规范化、制度化的刚性管理，又要注意各种随机性因素，注重感情的投入和交流，注重人际互动关系，充分发挥

"情感激励"作用。

班组长运用情感激励于管理工作中,前提是坚持以人为本。班组长加强和改进思想政治工作,强调用欣赏的眼光看待组员,其最终目的就是为了促进人的全面发展,提高组员素质,培养建设一支过硬的队伍。班组的士气需要激励,而欣赏和赞扬是最好的激励。当组员在平时的工作中表现良好并取得突出成绩,能得到班组长的欣赏和赞扬时,他就会深深感受到实现自我价值的愉悦和幸福,在精神上获得极大的满足,激发出无尽的动力。班组长一定要从全面培养人、促进人的发展的高度,努力做到用欣赏的眼光看待组员,千方百计创造条件,给组员提供发展机会和动力支持、搭建施展才华的舞台。这样组员才能把班组长当作知心朋友,当作最值得信赖的人,也会更加努力地工作,刻苦钻研,不断创新。班组也因之更加团结,凝聚力增强,工作更高效。

范刚是某热电厂燃料部运输二班班组长。谈起他,没有哪个组员不说班长好,他尊重组员,特有人情味,想组员之所想,急组员之所急,能给予组员关爱的就毫不吝惜,让组员实实在在感受到了集体的温暖。组员都表示一定要上好自己的班,不让班组长累,不给班组长添麻烦。就是调到别班组的同事谈起二班都是满怀留恋:"这个班长真好,我喜欢这个班组!"

刘师傅孩子今年读高三,可是最近却查出得了脑瘤,需要马上到北京的医院做手术。他爱人没有工作,又有俩孩子,家庭经济情况原本就不太好,再加上这十几万元的手术费,家里真如雪上加霜。刘师傅满腹愁云。班组长范刚知道后非常关心,为了帮助刘师傅解决实际问题,让刘师傅安心到北京为孩子治病,他及时与车间领导联系,协助刘师傅办好了请假手续,还与车间协商申请刘师傅准假不扣钱，班组自己安排人员值班。车间也非常理解，但是鉴于情况特殊以及安全管理等多方面的原因，答应了刘师傅的申请。这种情况是很少见的，刘师傅的事假近两个月，当时班组人员奇缺，班组长便亲自上阵。范刚一向都是非常关心组员的，从不随意辱骂组员。如果遇到班组人员奇缺或者特殊岗位没有人员时，即便是最累最脏的岗位，班组长也自己顶上。厂部现在正紧张地筹备三期600MW机组达标工作，三期燃料集控值班员和巡检员都特别辛苦。班组长每天特别关心每个组员的工作情绪，只要是发现组员情绪不佳，都及时给予帮助和关心：有时候传递一个鼓励的眼神，有时候送上一句热心的问候，有时候会亲自到岗位上给予指导、帮助……

情感激励是班组做好思想工作、稳定组员队伍的基础。这里的"情"，是指思想工作要坚持"以人为本""情感为先"的原则，在沟通、理解、信任的基础上，确保感情到位。情系组员，心想组员，诚心诚意地给组员以温暖和关爱，是思想工作的具体体现。运用情感激励于班组管理中，就必须从大处着眼、小处着手，时时处处尊重人、关心人、理解人。细微之处见真情。当组员在学习和工作上，哪怕有点滴的进步和起色，班组长都应及时给予肯定和鼓励，让他们能从微小进步中体验到成功的喜悦。不能忽略细节，舍小求大，要随时注意捕捉组员身上的闪光点。只有这样，才能使组员不断拧紧上进的发条。

班组长运用情感激励于管理工作，要做到"三个一点儿"，即嘴巴甜一点儿、说话艺术一点儿、行动快一点儿。所谓嘴巴甜一点儿，绝不是提倡那种甜言蜜语和一味吹捧，而是指在用欣赏的眼光看待组员时，要做到赞其所长、容其所短，多赞扬组员的优点和长处。每个组员成长、成功都离不开鼓励,鼓励就是给组员锻炼、证明自己能力的机会。在鼓励的作用下,组员会认识到自己的潜力,并不断发展各种能力,成为生活中的成功者。就班组长而言,鼓励组员可以为自己树立良好的个人威信,使上下级关系更为融洽,沟通更为便捷,也能够提高组员的工作效率。因此,班组长要善于用鼓励的办法领导班组,及时赞扬组员。赞扬的话要恰如其分,实事求是,不夸张、不溢美。使受赞者听后受到激励,使听赞者心服口服,受到启迪。所谓说话艺术一点儿,就是在赞扬组员时,说话要富有幽默感和感染力,使组员们听得进、记得住。在批评组员的过错时,要注意分析主客观原因,以与人为善的态度,帮助总结经验教训,千万不能用挖苦的语言或过激之词,一定要掌握分寸,使他乐于接受批评和改正错误。所谓行动快一点儿,就是见到组员的优点和出色表现时,不要等到半年或年终总结回顾时再表扬,最好当时就说、就鼓励,即使因某种原因不便当场赞扬,也不能拖延过久。

总之,情感激励是一种力量。当今这个年代,没有谁能否认情感激励的实用性。班组长的情感激励越多,组员的热情就越足,工作的劲头也就越高。

5. 举行评比先进活动,调动组员的主动性

一般情况下,班组在总结一年工作时,都要开展组员评比先进活动。评比先进活动要讲意义。企业评比先进活动的意义就是要在组员中树立典

型，弘扬正气。评比先进活动是弘扬核心价值观的有效途径，是社会主义核心价值体系的重要组成部分，是班组和组员命运共同体的具体体现。通过评比先进活动，可以发现典型、培育典型、宣传典型，以期通过表彰先进，带动一般，鞭策后进，促进工作全面进步。

评比先进活动首先要清楚何为"先进"，要科学界定先进的内涵和评选标准，这样才能使评出来的先进有分量，起到积极的示范作用。班组的先进体现了班组内部的价值取向，有实实在在的表现和突出的业绩。因此，要做到坚持硬标准、可操作性的原则，用数据来评，用成果来评，实行量化评定，减少定性评价等人为因素。最常用的方法就是利用"三项考评"的方法，即"业绩考核、业务考试和素质评价"。业绩考核把组员在安全文明生产、遵守厂纪厂规、节能降耗、岗位职责等方面的表现，作了详细规定，进行量化考核，用数字说话，坚持每月考核统计，年底汇总得分；业务考试就是定期进行业务知识考试，考试内容涵盖岗位业务知识、技术标准、质量标准及岗位职责等方面内容；素质评价就是根据组员日常工作中表现出的职业道德、工作态度、团结协作情况，组员之间相互评议打分。比如年底，将每位组员全年的业绩考核、业务考试和素质评价三个方面得分，按照一定的比例，进行汇总统计，排出名次。为了确保公开、公平、公正，将组员得分定期公布，年底据此直接比出先进生产者。通过严格考核后评出先进。这些先进大多是同行业中佼佼者，是各方面表现优异者。表彰后，大多令人信服。评比先进对先进者本人是一次充分的肯定，对他人是一次很好的引导和激励，往往能达到表彰先进、推动全局的目的。

某公司评选先进班组及先进个人方案

一、先进评比范围

公司各部门、分厂，按机构设置及定编情况进行先进班组及先进个人评比。

二、先进评比原则

1. 公平、公开、公正，真实可靠，宁缺勿滥。

2. 向生产一线生产能手倾斜；向开发、技术、工艺人员倾斜；向做出突出贡献的岗位及班组倾斜。

三、先进评比比例

本次评比全公司共评比先进个人不超过 10 人，先进班组（科室）不超过 2 个。先进个人按各部门在职员工人数的 1% 推报，人数不足 75 人的部门，确有具备先进条件的可报送 1 人；先进班组各生产部门可报送一个，允许空缺。

四、先进个人评比条件

（一）基本条件

1. 遵守党和国家的政策法令，遵守厂规厂纪。

2. 爱岗敬业、工作主动，对企业充满信心、忠于职守。

3. 全年迟到、早退、旷工、事假次数为零。

4. 全年无吵架、打架及其他不良记录。

5. 全年未发生安全事故和较大质量事故。

6. 计件人员完成全年工作任务，岗位人员完成本年基本工作。

7. 入职公司半年以上者。

（二）其他

1. 利用业余时间，超额完成生产任务或上司安排的临时工作。

2. 全年未出现工作差错，或发现错误及时改进，避免不良影响或损失。

3. 积极发现问题并着手处理或及时上报，为公司避免或挽回损失。

4. 积极挖潜降耗，通过技术改进和革新，使公司节约成本、增加效益。

5. 积极提出合理化建议，提供有价值信息，经公司确认有重大价值。

6. 抵制歪风邪气，及时发现管理中漏洞并提出有效建议，为公司降低成本，挽救公司损失。

五、先进班组评比条件

1. 超额完成公司下达的生产任务和工作任务。

2. 积极开展挖潜降耗工作，为公司节约成本10000元以上。

3. 认真执行"5S"管理，坚持安全文明生产，全年未发生较大设备、人身安全及质量事故。

4. 组织组员参加民主管理，发动组员献计献策，提出合理化建议，为公司降低成本，创造效益。

六、先进评比方式

1. 先进个人、先进班组评选时间为2015年1月5~15日。

2. 各部向综合科推报先进个人、先进班组名单及书面材料，综合科收集整理后报公司办公会讨论。

3. 书面材料要求具体、真实，切忌空洞、苍白，且要用事实和数据说话。

各部门按上述要求认真组织评比，及时申报评比材料，切实评选出公司内具有优良作风、表现突出，真正能起到模范带头作用、激励广大员工、鼓舞公司士气的先进班组和先进个人，让每一位员工在榜样力量的感召下奉献自我、努力工作、积极进取、争创效益，为公司的发展壮大贡献自己的力量。

评选先进活动可以采用组员打分、投票等方式来评选，也可以包括民主测评等标准，按公正、公开、公平的程序进行运作，好中择优。不仅真正评出先进，而且评出士气，评出干劲，这样才能达到评先进的目的，也才能保证这项活动有效开展。评选结果也更具有说服力。同时，班组评选先进不仅仅是对优秀者的认可和奖励，更是想利用先进树立起模范和样板作用，因此更需要所选人员是多数组员所认同的人选，如此评出的先进更具有先进性，更具有生命力，更具有示范效果。

因此，评选先进活动要坚持少而精、少而优的原则，不搞平衡照顾，不搞按比例分配，做到评出"精品"，评出"品牌"。因此，班组长在进行先进评选过程中，可以采用公示的方法，对预当选的先进人物进行公示，让组员来评价这些人够不够格。班组应以年终评比先进为契机，真正评出"本人有底气、他人能服气"和"认真干事"的先进人物。只有这样，才能真正"评出一个先进，长出一片先进森林"，调动组员的主动性，为班组及企业培养更多优秀人才。

6. 绩效考核，把奖励送给有贡献的组员

绩效考核是企业绩效管理中的一个环节，是指考核主体对照工作目标和绩效标准，采用科学的考核方式，评定组员的工作任务完成情况、组员的工作职责履行程度和组员的发展情况，并且将评定结果反馈给组员的过程。所以，建立清晰具体且公正客观的绩效评估机制，对激励组员具有十

分重要的意义。考核的目的是为了给组员核算奖励找到依据。若不考核，就不知道组员的表现。通过绩效考核，把组员聘用、职务升降、培训发展、劳动薪酬相结合，使得班组激励机制得到充分运用，有利于班组的健康发展；同时对组员本人，也便于建立不断自我激励的心理模式。

据考证，绩效考核起源于中国宋朝进行的吏部考核体系，随后英国实行文官制度初期，文官晋级主要凭资历，于是造成工作不分优劣，所有的人一起晋级加薪的局面，结果是冗员充斥，效率低下。后来，英国文官制度改革，注重表现、看才能的考核制度开始建立。根据这种考核制度，文官实行按年度逐人逐项进行考核的方法，根据考核结果的优劣，实施奖励与升降。考核制度的实行，充分地调动了英国文官的积极性，从而大大提高了政府行政管理的科学性，增强了政府的廉洁与效能。

英国文官考核制度的成功实行为其他国家提供了经验和榜样。美国于1887年正式建立了考核制度。强调文官的任用、加薪和晋级，均以工作考核为依据，论功行赏，称为功绩制。此后，其他国家纷纷借鉴与效仿，形成各种各样的文官考核制度。这种制度有一个共同的特征，即把工作实绩作为考核的最重要内容，同时对德、能、勤进行全面考察，并根据工作实绩的优劣决定公务员的奖惩和晋升。文官制度的成功实施，使得有些企业开始借鉴这种做法，在企业内部实行绩效考核，试图通过考核对员工的表现和实绩进行实事求是的评价，同时也要了解组织成员的能力和工作适应性等方面的情况，并作为奖惩、培训、辞退、职务任用与升降等实施的基础与依据。

绩效考核本质上是一种过程管理，而不是仅仅对结果的考核。它是将中长期的目标分解成年度、季度、月度指标，不断督促组员实现、完成的过程，有效的绩效考核能帮助班组达成目标。绩效考核的最终目的并不是单纯地进行利益分配，而是促进班组与组员的共同成长。通过考核发现问题、改进问题，找到差距进行提升，最后达到双赢。

因此，班组长在管理上不仅需要绩效考核制度，而且需要客观性、权威性强的绩效考核制度，这样才能避免出现不公平，避免组员产生不满，损害士气和效率。对绩效考核中有贡献的组员，班组长要公开地进行奖励。我国有"千金买马骨"的传统，花了重金买千里马的尸骨，看上去是没有用，然而这个公开行为充分彰显了国君对千里马的渴求，最终获得了别人主动献来的千里马。奖励一个人的目的是给所有的组员看的，有效的奖励能实现整个班组士气的提高。这是一个优秀班组长应该有的全局意识。如果私下里将奖励授予优秀组员，那不仅没有激励整个班组，对该优秀组员的激励作用也远未达到。因此，班组长进行班组管理要学会公开奖励有贡献的组员。这样不仅可以鼓励被称赞的组员，让他意识到班组长对他的肯定和赞赏，也可以给其他组员树立榜样，鞭策其他组员努力工作、干出成绩。

在班组管理上，绩效奖励的方式多种多样，有物质奖励、有荣誉奖励，还有晋升奖励、表扬奖励等。最好的奖励是"高名誉价值＋低金钱价值"。这点对于能力卓越的组员而言更重要。很多著名公司深谙这一点儿，他们充分了解精神奖励能够增加员工的荣誉感和成就感。比如在IBM（国际商业机器公司），员工最想要的奖励之一是"销售人员月度奖励"，这种奖励是证明他们成绩的一张证书和一只价值两美元的橡皮鸭模型。获奖者通常会认真对待它，把它郑重地摆在自己的工作台上。人人都为了这个奖励努力工作，期望自己可以成为当月的奖励获得者。比如著名的海尔集团重视用荣誉激励员工。在他们看来，荣誉是员工对企业贡献的象征，当员工获得某种荣誉时，他们的自信心会明显增强，这会使他们对工作充满热情，同时，体会到自我价值所在。因此，满足员工的荣誉感，可以使他们迸发出强大的能量。海尔公司会给员工颁发荣誉证书，会借助荣誉墙和企业年鉴来激励员工。通过记录员工的辉煌成绩，将员工为企业的贡献载入海尔集团的发展史册，可以很好地激励员工的积极性。

总之，要想组员有业绩，就要给出令组员心动的激励。否则，组员也不会为企业拼命。因此，奖励是激发组员工作动力的重要筹码，惩罚是鞭策组员进步的直接利器。只有通过公平公正的奖罚制度，才能促使组员全力以赴地为班组工作，也才能在绩效评估中获得他们想要的结果。班组长一定要重视组员获得奖励的需求，给予他们公开、及时的奖励。同时，这种公开奖励还能给其他组员带来榜样效应，使得整个班组的力量得到最大限度的激发。

第四章

因人而异，调动每一位组员的积极性

班组管理其实很简单，就是将合适的人放在合适的地方而已。作为班组长，既要了解组员的优点，还要了解其缺点，要知道组员的哪些优点是可被发挥的；哪些缺点是可以被改造的；哪些是无伤大雅的。了解这些很重要，因为只有掌握了这些内容，才能真正做到"知人善任"，引导组员扬长避短，把班组工作做好。

1. 懂得尊重，善待每一个班组成员

班组长能否用对人，对班组管理产生很大的影响。作为班组长，你首先需要考虑的一个问题是：你了解自己的组员吗？一个班组长不了解自己的组员，很难想象班组的未来会怎样。身为班组长，会识人用人是很有必要的。会识人用人，就是能够有效发挥出一个人的长处，合理规避一个人的短处。如果本末倒置，班组长在用人上就要遭遇挫折。所以，班组长不要苛求组员，认为他们有这样或那样的缺点，而要重点发现组员的优势，懂得尊重、善待每个班组成员。

班组管理，简单讲就是：给你一拨人，你得能把他们拢在一起，朝着一个方向走。怎么做呢？首先，学会尊重，不懂得尊重人，一切都无从谈起。这个尊重是有形的，是可以看得出来、感觉得到的，比如班组长要守时、守信、虚心听取意见等，就是对组员的尊重。最可贵、最有效的尊重是信任班组成员。其次是沟通，把情况了解上来，把影响施加下去。好的沟通就像一个灵敏有效的神经系统，又像是机件运行的润滑剂。班组沟通的方式多种多样，可以聊天谈心，可以开会讨论等。目的只有一个：拉近距离，融洽气氛，了解情况，施加影响。最后要因人而异，扬长避短。俗话说："人无完人。"每个人都有缺点，也有优势。身为班组长，应该具备一双善于发现组员优点的慧眼，还应该有善于包容组员缺点的心胸。当组员的某个优点能为企业带来巨大的效益时，班组长不妨忽略组员其他方面

第四章
因人而异，调动每一位组员的积极性

无关紧要的缺点。这样才能让组员最大限度地发挥作用。这对班组建设是十分重要的，更能保持班组的凝聚力。

在工作上，班组长对组员的尊重确实非常重要。只有尊重组员、信任组员，组员才能放手大胆地工作，才能拿出百分之百的积极性去工作。在工作中，每个班组成员都希望被他人尊重和理解。现在，企业的一些班组长，往往用"我说你听，我打你通"的态度对待组员，有的班组长在生产工作中甚至以罚代教、以罚代管、门难进、脸难看、事难办，粗暴地对待班组成员。这种做法不仅难以解决组员的思想问题，而且会伤害组员的自尊心，造成严重的情绪对立，失去组员的信任。这样一来，即使班组长的道理讲得对，组员也听不进去。因此，班组长一定要尊重组员，增强平等待人的观念，决不能用工作上的隶属关系代替人格上的平等关系；要努力做班组成员的知心人、贴心人，与组员建立起相互信任的关系，架起友谊的桥梁。在与组员相处时要通情达理，以理服人、以情感人，在情理结合上求平等。

此外，在具体的工作中，班组长要管理好组员，还要从下面几个方面培养自己。

第一，作为班组长要对自己班组里每一个成员的基本情况做到了如指掌。因为，班组就像组员的"家"，班组长就是"家长"，"家长"理所应当对自己"家"里每一个成员的基本情况清清楚楚，唯有如此，才能在日常工作中做到知情达意、对症下药，才能在组员最需要帮助的时候及时地伸出温暖的手，才能让每一个组员都愿意向班组长敞开心扉。

第二，班组长在工作中要采用民主的工作方法。因为，现在的班组与过去相比已经发生了很大的变化，尤其在以青年人为主体的班组里，班组成员普遍具有学历高、见识广、不轻易佩服人等特点，班组长必须充分发扬民主，充分尊重民意，经常听取组员的意见和建议，让自己的工作思路和工作方法得到绝大多数组员的认可，从而赢得组员的信赖。

第三，班组长必须具有高尚的人品。作为班组长，应该将"严于律己、大公无私"作为自己的座右铭，心底无私天地宽，严格要求自己，对每个组员都一视同仁，不夹杂私心，见"硬"不怕，见"软"不欺，对上级不阿谀奉承，对下属不耀武扬威，见荣誉要能让，见困难要敢上，不占便宜肯吃亏，有了差错肯负责，以人格的力量来凝聚组员。

2. 面对"争强好胜"型组员，要扬长避短

在每个企业中总存在一部分"争强好胜"型的员工。这种员工狂傲自负，自我表现欲望极强，还经常会轻视管理者，嘲讽管理者。班组长遇到这样的组员，当然也不必动怒。不过也不能故意压制他，越被压制他越会觉得班组长能力不如他，班组长是在以权欺人。争强好胜的组员，往往人际关系不佳，这是让人很头痛的事。对班组长来说，如何对待争强好胜型的组员，对于班组管理是个挑战。

小张是某医药公司的销售科员工，工作一直很努力，对客户热情服务，销售业绩一直名列前茅，可就是太争强好胜，逢事必赢之而后快。在与同事的竞争中，小张总是好胜心强，想方设法挤对人，爱耍小脾气。别的同事给客户介绍药品时，她也常去抢生意，把别人都当成竞争对手，搞得其他同事都不愿和她同组。

第四章
因人而异，调动每一位组员的积极性

销售科长分析原因，发现小张的长处在于工作努力，对待客户热情，喜欢争强好胜，有逢事必赢的信心；短处在于不注意和同事的关系，时常挤对人、打击人。这种情况下，销售科长决定让小张独立管理一个柜台，这个柜台主要经营新、特药品，让小张去开辟新的市场，充分发挥她的长处。一个人的工作业绩和整个团队所创造的业绩相比较，前者是微弱的。但小张除了过于争强好胜外，确实能够给药店带来一定的经济效益，所以，这一调整做到了扬长避短，取得了很好的效果。此后，小张在为公司做出更大的贡献同时，也在工作中逐渐感受到团队的重要性，慢慢改正了缺点。

一个团队里什么样的人都会有。对于业务能力都很强、争强好胜谁都不服谁的团队成员，要尽量把他们分到不同的项目组，形成竞争。特别是一些销售人员，大家都觉得自己很牛，而且做销售出身的人，对成就感的追求似乎更强烈，如果员工一旦内耗起来，公司损失会更严重。因此面对争强好胜的员工，管理者不妨为他创造条件，给他一个发挥才能的机会，委以重任，这样若成功了他就会感激，一旦失败了，也可以通过这件事让他认识到缺点。不仅大型企业中存在"争强好胜"型员工，在班组中也同样有"争强好胜"型组员。

其实，"争强好胜"型的组员一般有以下几种类型。

第一，能力强的"争强好胜"型。这种类型的组员比较聪明或有个性，往往能提出一些奇妙的点子，与其他同事相比在能力上往往具有某种明显的优势，如工作能力比较强，工作经验更丰富，工作往往能创造佳绩等。这类型组员在工作中有不服从管理、冷漠、自负、恃才傲物、自尊心强以及野心勃勃等直接表现，不愿意跟同组其他同事交往，团队协作精神

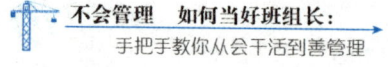

不强，根本不把班组长当回事。

第二，有背景的"争强好胜"型。这种类型的组员往往是关系户，这种背景可能是企业目前正需要的，因此这类组员常常在其他同事面前炫耀自己，特别是在出错的时候，往往会把自己的后台抬出来，使自己免受处罚，给班组管理造成一定的麻烦。对于该种组员不能舍弃，但在日常的班组管理中又会带来一定的负面影响。

第三，心态失衡的"争强好胜"型。这种类型的"争强好胜"，主要是对社会、家庭的偏见或受到某种不公平的待遇引发的。由于自己不能妥善解决心态失衡问题，很容易将这种心理带入到工作中，对比自己优秀的人，给予打击，对于比自己差的人给予嘲讽，对班组长分配的任务，总是明里支持，却暗自设置障碍，不予配合。

无论哪一种类型的争强好胜总是让班组长头疼的，如果不问清红皂白全部进行开除处理，显然不符合鲶鱼效应，时间长了，会变成对于班组中"出头鸟"类型组员的打压，整个班组也变得死气沉沉，没有创新和活力，因此，班组长在处理"争强好胜"型组员时要区别对待，团结一切可以团结的成员，分析争强好胜心理产生的原因，使用不同的方法，解决不同原因引发的争强好胜问题。

能力强的争强好胜者往往对于自己的专业水平和经验比较自负，因此，作为班组长要在技术的某一方面显示出自己更强的专业水平和能力，在技术上是专家，在管理上是行家，用实力去征服他。同时，把他放在合适的岗位上，给予能不断带给他挑战的新的工作任务，并让其独立完成，不要约束他的创意，使其沉浸于新奇的工作，解决更多困难。

有背景的争强好胜者拥有自身背后的资源，实际上他们中的部分人能力并不比其他组员差，相对来说在心理上还有某种天然的自信，因此，在班组管理过程中要与他们保持一定的距离，当他在工作上取得一定成绩时，可以给予适当的奖励和夸奖，但是适可而止，不然他们可能会自命不凡，给他人带来一系列麻烦；当他们犯错误时或因自己优势的后台目中无人时，决不要采取纵容和忍让的态度，要给予一定的批评，否则不足以服众。

对于心态失衡的争强好胜者，班组长可以多与这些组员交流，做思想工作，帮助他们分析产生此种心态的原因，以心换心，逐渐使其意识到团队的重要性，打消意识中存在的偏见。在处理与该类组员的关系时，应秉持谨慎的态度，防止矛盾激化。

总之，争强好胜心态的形成原因一般不外乎两个方面，一是自身原因造成的，二是外部环境改变造成的。因此，要根据其情况，采取正确的解决方法，如正面鼓励、私下沟通、帮助渡难关等方法，使"争强好胜"型的组员感激你、信服你，进而尊重你，最终实现班组与组员的双赢。

3. 面对"倚老卖老"型组员，要虚心请教

在班组中，"倚老卖老"型组员多指那些具有一定资历的人。一个在企业里工作多年的老员工，他一定会对该行业有很多独到的见解。但另一方面，由于年纪的增长，以及长时间在一个岗位上工作，可能会缺乏新鲜感，劲头和斗志都会有所减退，因而他们的工作效率很难进一步提高。对于这类组员，班组长不可忽视，要虚心请教，善于采用赞美与鼓励的策略来进行有效管理。

班组长与"倚老卖老"型组员打交道，应当从以下三个方面努力。

（1）要容得下"倚老卖老"型组员

一个班组里之所以存在"倚老卖老"型组员，自然有其存在的适宜土壤和环境；因此，班组长在与"倚老卖老"型组员打交道时，先要有容人之量，切忌操之过急。首先，要容得下他们独特的为人处世习惯。表面上，"倚老卖老"型组员对所有的人都很恭敬，但实际上，他们往往对班组长不够尊重，对同事也很随意，对安全生产工作不够重视，生活也懒懒散散，内心深处漠视班组长的权威。对此，班组长要明白，班组长和组员只不过是分工不同，不能要求组员对班组长唯命是从、恭恭敬敬，尤其是对"倚老卖老"型组员更是如此。因此，作为班组长要有良好的心态和宽大的胸怀，容纳"倚老卖老"型组员的为人处世习惯。要包容其缺点。人无完人，每个人或多或少都有缺点，不同的是，绝大多数人尽量遮掩或者抑制缺点，"倚老卖老"型组员却放任缺点或者有意放大缺点。其结果是，绝大多数人的缺点被隐藏了，而"倚老卖老"型组员的缺点却毫无遮掩地凸显在班组长面前。假如班组长特别在意这些缺点，真正要上纲上线地当作问题去处理，却又多半会查不到相关依据。否则，他们就不能算作"倚老卖老"了。因此，班组长要正确对待"倚老卖老"型组员的缺点，只要不是原则性问题，就要多包容。

（2）要积极影响"倚老卖老"型组员

班组长要以人格魅力影响"倚老卖老"型组员。一是要放下班组长架子，真心实意地与他们交朋友。"倚老卖老"型组员本身就不是很在乎班组长，对班组长权威提出了挑战或摆出"软抵抗"的架势。作为班组长，放下领导架子，主动与他们交流，真心实意地与他们做好朋友，就会起到事半功倍的效果。"倚老卖老"型组员虽然表面上圆滑、世故、无所求，但绝大多数还是重友情、讲义气、讲原则、讲大局的，只要班组长真正做

第四章 因人而异，调动每一位组员的积极性

到以心换心，以真情对待他们，在思想上、工作上、生活上对他们给予真诚的帮助，不摆官架子，不要领导威风，就一定会赢得他们的认可。二是要适当保持距离，树立班组长权威。要容得下"倚老卖老"型组员并不等于对他们的缺点和不良习惯表示认可，与他们真心实意交朋友也不等于可以放弃原则。譬如"倚老卖老"型组员可以不拘小节，但是，班组长要与他们保持一定的距离，使"倚老卖老"型组员在感受到班组长的真诚、亲切的同时，也感受到班组长的威严。三是要提高自身修养，处处以身作则。"其身正，不令而行；其身不正，虽令不从。"班组里出现"倚老卖老"型组员，虽然有自身的原因，但也与某些班组的班组长不能以身作则有关。"上梁不正下梁歪"，因此，班组长要有良好的道德品质、严格的纪律观念，要求"倚老卖老"型组员不做的，自己首先不做。不揽功、不推过，以自己的人格魅力去影响"倚老卖老"型组员。

（3）要善于改造"倚老卖老"型组员

"倚老卖老"型组员与道德品质低下、生性顽劣者不同，道德品质低下、生性顽劣者往往难以在班组内长期立足，而"倚老卖老"型组员在班组里却如鱼得水、进退自如。因此，聪明的班组长要不遗余力地改造"倚老卖老"型组员。一是分析"倚老卖老"型组员出现的原因，从根本上去改造。成为"倚老卖老"型组员的原因很多，有的是因为自认为仕途无望、感到成就一番事业很难；有的是因为遭受了多次挫折的打击；有的是因为长期在一个班组工作产生了惰性；有的是因为思想认识问题等。班组长要认真分析他们之所以成为"倚老卖老"型组员的原因，多教育、多帮助、多关心、多理解、多支持，对症下药，从根本上给予帮助。二是铲除"倚老卖老"型组员生长的土壤，从环境上改造。在一个班组中，"倚老卖老"型组员毕竟是少数，班组长除了以身作则影响他们以外，还要善于团结和激励大多数，弘扬正气、打击歪风，形成积极向上的生产氛围，发动

身边的同事帮助和改造"倚老卖老"型组员。三是从制度上改造"倚老卖老"型组员得以存在的环境。建立相应的规章制度,用规章制度约束组员的言行。如建立岗位安全责任制、安全责任追究制、安全奖惩激励机制等。在制订这些制度时,要广泛征求意见和建议,特别要征求"倚老卖老"型组员的意见和建议,充分发扬民主。制度一旦确定下来,就要坚决执行,绝不手软。"倚老卖老"型组员在严格的安全制度管理下,责任感和紧迫感也会增强,会自觉从严要求自己。

其实,有时候,"倚老卖老"型组员就是企业的一本活字典,需要的时候方知道其价值所在。班组长对待"倚老卖老"型组员要秉持着恭敬的心态,经常向他们虚心请教,这也是一个优秀的企业所倡导的人文关怀。

4. 面对"拖拖拉拉"型组员,要明确时间

在班组管理上,班组长经常会遇到一些组员做事拖拖拉拉,磨磨蹭蹭。"拖拖拉拉"型组员有耐心,但是缺少速度。对此,班组长要重视这种组员。其实,大多数人都存在拖泥带水的习惯,任务总是一拖再拖。拖延时间是一种恶劣的习惯,然而很少有人能够保证自己在工作中从不拖延时间。拖延和懒惰是分不开的。拖延是因为人的惰性在作怪,每当要付出劳动或要作出抉择时,人们总会为自己找出一些借口,总想让自己轻松些、舒服些。有些人能在极短的时间内果断地战胜惰性,积极主动地面对挑战;有些人却陷于"激战"的泥潭,被惰性拉来拉去,不知所措,无法

行动……殊不知时间就这样一分一秒地溜走了。

小罗是一个办事拖拉的组员。例如，在工作中小罗常常积压一大堆客户来信。如果第一封信中牵涉到一个棘手的问题，他就把它搁置一旁，找一封容易答复的信去处理，结果，没过多久，他就积攒了满满的两三包没有答复的信。但是他觉得自己无法改变这种习惯。对此，班组长警告他说："不要以为拖拖拉拉的习惯是无关大局的，它会耽误全班组的工作。所以，你不应当回避那些棘手的信，应当首先处理它们。你因此而得到的鼓舞会使剩余的难题迎刃而解的。"

这番警告使小罗感到震惊。他决心着手解决这个问题，直到彻底战胜它为止。在班组长的指导下，小罗学到一个原则：如果有一件事情要做，立即就干。最后，小罗终于成功地改掉了拖拉的恶习。

拖延是成功的最大敌人之一。一个企业家可能因为拖延没能及时做出关键性的决策而遭遇失败。一个学生可能因为拖延没有及时掌握应该掌握的知识而失去上大学的机会。拖延到头来只会导致问题铢积寸累，让事情难上加难。作为班组长，面对"拖拖拉拉"型组员，要明确时间，今日事今日毕。今天的工作今天必须完成，因为明天还会有新的工作。今天的事情拖到明天，只会让自己更被动，感觉头绪更乱、任务更重。今天该做的事拖到明天完成，现在该打的电话等到一两个小时以后才打，这个月该完成的报表拖到下个月，这个季度该完成的进度要等到下一个季度。如果你总是把问题留到明天去解决，那么明天就是你失败的日子。

对于任何人来说，时间都是一种非常宝贵的资源。一个没有时间观念的人是不受人欢迎的，一名不懂时间管理的班组长很难管理好班组。因此，每个班组长都要培养时间观念，在工作中要珍惜时间。为此，班组长在工作中面对"拖拖拉拉"型组员，要做好以下几点。

第一，加强计划管理。面对"拖拖拉拉"型组员，要让组员对自己的工作进行任务分解，对各类工作做好计划和安排，确定完成的先后顺序、阶段和时间节点，制订出工作安排的计划矩阵图，促使组员自觉地按照计划去按时完成工作。

第二，加强时间管理。给"拖拖拉拉"型组员安排工作，布置任务，必须非常明确地规定好完成的时间，甚至为了不因为他的拖延给别人带来影响，应将他完成工作的时间适当往前提，打出拖延量来。比如正常的完成时间是到周五，怕他拖延两天，因此给他下达指令时就可以要求他周三为最后完成时间，这样即使他拖两天，周五也能完成，不会影响其他工作。当然，这样做有些风险，就是多次以后他觉得还可以拖，又会对最后的时间麻木了。

第三，加强过程管理。为了让"拖拖拉拉"型组员能够按时完成工作，对他们尤其要注重过程的监督。要不断地提醒和催促他们，催着他们往前跑。这样经过不断的训练和多次的要求，改变他们缓慢拖拉的习惯。

第四，加强压力管理。"拖拖拉拉"型组员，并不是不能完成工作，通常他们完成的工作，质量都是不错的，只是时间上太紧，给他们带来了紧张和压力。因此对于这样的组员最大的办法莫过于给他们施加压力，让他们尽快热身和精神紧张起来，这样，他们就能提前行动，完成好交代的工作。

第五，加强绩效管理。面对"拖拖拉拉"型组员，对于工作的考核，不但要考核完成的质量，还要考核完成的数量，也就是注重效率。尤其是对于那些消极怠工，故意拖拉推诿的组员，更要强化绩效考核，奖勤罚懒。

5. 面对"工作犯错"型组员，要宽容大度

在工作中常常会遇到组员做错事的时候，做错事的人，本来就已经心存愧疚，这时候如果班组长再厉声责备他，对他来说，无疑是雪上加霜，听到责难他也很容易失去信心。而如果你能使用柔和的话语，不但可以起到批评、提点的作用，更可以使犯错的组员心存感激。人心不是靠强力而是靠宽容大度征服的。

IBM（国际商业机器公司）公司的一位员工，很有才华，前途无可限量。可是有一次，这名员工在进行一项风险投资时出现失误，使公司在这项投资中损失了1000多万美元。当这名员工被公司总裁老沃森叫进办公室，还没等老沃森开口，他就说道："我估计您希望我辞职，对吗？"而老沃森却出人意料地回答说："小伙子，不必紧张，我们只不过是替你交了1000万美元的学费而已。"这话语充满了智慧与包容，相信无论谁听了，都会被深深地打动，并会更加尽心尽力地工作来回报公司。

一个心存宽厚的管理者，是最能让员工从心底产生敬意的。很多大企业都有个非常好的哲学观念，就是容忍下属犯错：容忍下属犯错，是公司应该支付的成本。一个组员不学习是不可能成功的，不让他有犯错的机

会，他是不会吸取教训的。当然并不怂恿组员可以无限制地犯错，要给他改错的机会，交给他改错的方法。一个小学生做作业时，老写错字，如果老师一味责怪他，他可能今后还会出错。如果耐心细致地给他讲解，不厌其烦，字如何写，再给他做示范，只有这样才不会打击他的幼小心理。班组长对组员的态度也应该如此，面对"工作犯错"型组员，要宽容大度，应鼓励组员敢于创新，勇于改错，培养组员的自信心。

索尼公司的领导有一颗宽容的心，他们允许员工犯错，员工不会因一时犯错担惊受怕，更能安心工作，并敢于大胆地去探索，尽力发挥自己的聪明才智。盛田昭夫曾说："放手去做好认为对的事情，即使你犯了错误也可以从中得到经验教训，不再犯同样的错误。"在索尼公司，并不把责罚犯了错误的员工摆在首要位置，关键是要找出犯错误的原因。日本东京一位美日合资公司的总裁总对盛田昭夫抱怨说，公司有时会出差错，却找不出由谁负责，真不知为什么。盛田昭夫说，找不出最好，如果真找出该由哪位员工负责，可能会影响到其他的员工。即使你找出了犯错误的人，你也很难处理：这个人也许在公司干了一段时间，即使你把他开除了也无济于事，你还得找一位熟练的员工接替他；如果他是一位新来的员工，那么犯错误就更不足为奇。就像对待小孩犯错误，你和他一起找出错误的原因，这并非损失，而是获得了教训。

一个管理者，除了拥有别人没有的权力，同时也承担着别人没有的责任。既然有责任，决定要承担，就必须容他人所不能容。领导者的宽容精神能使下属感到亲切、温暖、友好，获得心理上的安全感。在宽容的环境中，员工们对失败没有顾忌，更不会隐瞒，也不会寻求庇护，这有助于管理者更快地找到失败的原因，有利于问题的解决。因此，班组长要宽容大度地对待组员。作为班组长，要真诚待人，与人为善，对班组成员要多一些理解，多一些包容。这样，大家会相信班组长，支持班组长，班组长的工作会取得事半功倍的效果。

　　班组长在班组管理过程中不能对组员要求得过于苛刻。应学会宽容，谅解别人的缺点和过失。要做到这一点，就要有气量，不能心胸狭窄，而应宽宏大量。无论是在大事还是小事上，尽量表现得宽容一些，才能把工作做好。林则徐有一句名言："海纳百川，有容乃大。"一个优秀的班组长往往是一个胸襟开阔的人，不与组员斤斤计较，容许组员犯错误。在工作中，组员难免会犯错误，甚至犯一些不可挽回的错误，要能接纳他，原谅他。当一个人不小心犯了错误之后，他的内心深处总是渴望得到别人的宽恕和原谅，因为宽恕能让对方的心理得到安慰，不再为曾经的一些失误而整天坐立不安。因此，班组长要有一颗宽容的心，宽容组员，拥有别人难以达到的襟怀，你的形象瞬时就会高大起来，你的宽宏大量、光明磊落就会使你的精神达到一个新的境界。这样，你才能与组员心贴心，成为组员的贴心人。

6. 面对"情绪不稳"型组员，要注重心理调节

　　身在职场，为了理想也好，为了生存也罢，我们被各种情绪充斥着，

但我们不能被情绪控制。情绪化的后果往往是把事情搞得越来越糟。心理研究发现,情绪对人们的心理健康,对人们的生活、学习和工作有重要影响。员工的不同情绪,往往对工作的进展带来不同的结果。员工情绪的表现分为两类:一是负面情绪,包含恐惧、仇恨、愤怒、贪婪、嫉妒、报复等,在工作过程中引发职业倦怠、紧张、焦虑、不满、偏激等行为表现;另一种是正面情绪,包含爱、感激、希望、信心、同情、乐观、忠诚等,是促使员工保持士气高涨、积极上进等行为的积极情绪。就目前企业实践而言,负面情绪的管理是企业管理中尤为关注的,因为负面情绪的长期蔓延必将导致员工工作效率的降低、工作失误的增加、沟通不畅、同事间关系不良,影响企业的运营效率和整体业绩。因此,作为班组长,必须要能敏锐地观察到组员的各种情绪,并加以引导,注重心理调节。

　　有位外线电工,一上班就板着个脸,一声不吭,好像谁欠他钱似的。班长好心劝他:"是不是生病了?要是生病了,就休息一下,不要到线上去了。"可他眼睛一瞪:"谁说我生病了?你才有病呢!"班长听后就不再说什么了。其他人看这人跟班长还耍横,就没人再自找没趣了。在爬电线杆时,他没有系好安全带,结果,这位电工从电线杆上摔了下来。

　　同事们把他送到医院后,班长给他妻子打电话,刚说"你丈夫住院了",电话里就传来一个火气很大的女人的声音:"他是死是活和我没关系!"然后,就把电话挂断了。众人都在诧异,这女人怎么这样说话?这个时候,班长的手机响了,是那个女人打来的:"是真是假,是不是他让你们骗我的?"班长告诉她,她丈夫是在登杆时摔伤了,刚送到医院。"怎么会?都怪我啊!"电话里传来女人的哭声。

从这个例子可以看出，情绪影响了操作的准确性，引发了安全事故。人的情绪复杂多变，过度的喜、怒、哀、乐等都会给班组安全生产带来威胁。在日常工作和生活中，引起我们心理情绪变化的原因很多，主要有客观因素和心理因素等。如生活中的重大事件、事业的成败、工作的顺利与否、人际关系的干扰、健康状态、疲劳、生理节律、气候因素都会对人们的心理情绪产生一定的影响。

心理情绪的变化会导致人的生理变化，进而会引起人们行为的失常，从而给组员行为安全和班组安全生产带来潜在的危险。因此，情绪不稳的组员是职场安全中的大忌。在现实的生活里，我们很容易发现一个人的情绪和安全生产有着密切的关系。如果他情绪稳定，心态平稳、心平气和，就会认真工作，细致干事，平平安安。

情绪不稳的组员在工作中会因为不良情绪而影响了自己能力的发挥，造成一些不应有的损失。众所周知，我们在心情愉悦快乐的时候，总是能够淋漓尽致地发挥我们的能力与潜能，甚至能超常发挥，而一旦我们有了坏心情的时候，就会因一时的冲动而丧失了理智，丧失了耐心，做出一些意想不到的举动来，而这些举动往往会带来一些负面的影响，会对同事的工作状态造成负面影响，也会打破班组成员的默契配合。并且坏情绪是会传染的，如果和其他组员发生冲突，不良情绪蔓延开来，那么别人的工作能力也会下降。因此，做一名合格的班组长，一定要重视情绪不稳型组员的心理调节，有效掌握情绪管理与调节情绪的方法。

那么，班组长该如何面对"情绪不稳"型组员、处理好他们的负面情绪呢？

第一，正视负面情绪的影响。任何事情都有其两面性，人的情绪也是正面情绪和负面情绪的统一。因此，当"情绪不稳"型组员在某个时刻或某个时期出现异样的表现时，既要藐视，也要正视，藐视就是习以为常，抱无所谓的态度，正视就是重视它可能造成的不良后果，想办法将负面情绪控制在一定的限度内，让正面情绪及时恢复常态，主导我们的正常生活。

第二，及时分析负面情绪产生的原因。各种负面情绪的出现都是有原因的，如悲伤，可能是亲人遭到不幸，也可能是自己处于失恋的痛苦之中；闷闷不乐，可能是工作中的难题没得到解决，也可能是生活中的交往遇到了阻得；愤怒，可能是因为上当受骗，也可能是被人诽谤、谩骂；逃避甚至轻生，可能是精神受挫，也可能是患上了精神疾病。只有仔细查找原因，才能想出好办法减轻或消除负面情绪，即所谓"解铃还须系铃人"，达到满意的效果。

第三，及时调整好心情。发现"情绪不稳"型组员出现负面情绪的时候，班组长应该及时伸出温暖的手，予以安慰、鼓励和扶助。只有把负面情绪控制在可以承受的范围内，组员的正面情绪才会显露出来，保证家庭和睦、工作愉快、生活满意。

美国一项研究资料表明，企业在员工情绪管理项目上每投资1美元，便可以得到5~7美元的回报。旧金山的"最佳雇主研究所"每年都对全世界的最佳雇主进行排名。根据该机构的调查，令员工心情愉快的企业投资收益更大。因此，很多企业设立了咖啡屋、放松室、发泄室以及在工作中播放背景音乐等方式来舒缓员工情绪，同时通过类似于心理咨询室的阳光服务室、情感交流站等心理援助项目来表达和宣泄员工情绪。比如有些集团为了解决员工困惑、工作压力、人际关系处理、员工自身情绪低落等问题，成立了心理咨询中心，服务对象除了公司员工外，还包括他们的亲属及周边关联群体,以帮助员工缓解工作压力。应该说,这些都是比较有效的情绪管理方式。

总之,情绪问题并不等同于心理问题,班组长对此一定要保持平和的心态,应从组员的物质需要和精神需要出发,既关心组员的工作、生活、家庭和个人的实际困难,又关心组员的成长进步和自我实现,使组员感到班组长时刻关注他们,从而更加主动地为实现班组目标而努力工作。

第五章

严守制度,形成遵章守纪的良好班风

一个组织要想拥有强大的竞争力,首先要尊重制度,形成遵章守纪的良好风气。在班组管理上,遵守制度的作用非常重要。一个班组的发展必须要有完善的制度建设作为保障,而不能由班组长的个人意志来左右。班组长在制度执行上尤其要注意公平公正,防止个人情感掺杂在班组管理中。

1. 制度是班组管理的基石

在很多企业，经常有班组长抱怨工作任务重、压力大，班组成员不配合、有抵触和对抗情绪。这是因为，班组通常由班组长一人承担班组管理的全部职能，班组长能力素质的差异性又会导致很多管理职能无法真正实现。对此，只有健全班组制度，才能实现班组管理职能明晰和完善，整个班组的工作才会有条不紊，秩序井然。

在工作中，班组管理制度建设包括下面几点。

第一，生产现场管理标准化制度。生产现场管理必须从基础抓起，即从制订工作标准、完善工作标准和真正贯彻执行及考核工作标准着手。生产现场的工作标准可以分解成三个有明显区别的部分，一是管理工作标准，二是工作程序标准，三是工作人员工作标准。

第二，班组内部基础管理制度。建立各类基础管理台账、报表制度及工序奖惩考核办法；注重半成品库的基础管理工作，做好前道控制、后道监督的工作；充分利用电脑等现代化设备，包括各类统计报表及生产任务单的下达均使用电脑操作，提高工作效率，等等。通过这些基础管理制度，促进班组管理工作日趋规范。

第三，建立健全班组生产现场管理规章制度。围绕生产、安全、技术和思想工作制订各种规章制度、条例、程序、办法等，如巡回检查制度、交接班制度、工作票制、岗位责任制度、安全责任制度、技术培训制度等，要规范、统一，落到实处。

在一个企业中，班组管理是企业管理的基石，而制度是班组管理的根基。制度是规矩，没有规矩就不成方圆，没有制度一切都会杂乱无章、乱成一团，只有完善的制度才是组织有序运转的有力保障。所以，班组管理中制度建设十分重要。制度其实就是组织的"内部法规"。它是对组织机构正常运行的基本方面规定出活动的框架，调节集体协作行为以实现同一个目标的制度。它是实施制度化、标准化、高效化管理的基础。因此，完善的制度是保证班组任务完成和安全生产的有效保障，只有制度才可以使班组工作有秩序、有组织、有成效。

小杨是一个普通的班组长，走上班组长的岗位时间并不长，但他却非常重视班组制度建设，取得了不小的成绩。他根据长期从事电焊作业的实际情况和平时积累的经验，编写了一套提高班组焊接质量和效率的工作规则。

该规则的第一条是"实名制"。即要求不论是埋弧焊、手把焊还是组对点焊，操作手必须写上自己的名字。这样既是对操作者的一种激励，也便于责任的追究。

第二条是质量责任执行情况和班组经济效益挂钩。班组施焊人员焊接质量好就奖励，不好就受处罚，奖惩分明。

第三条就是"三自""四不"。"三自"就是"自我发现""自我解决""自我提高"，"四不"就是"不接受缺陷""不制造缺陷""不隐瞒缺陷""不传递缺陷"。

在这三条工作规则的约束下，班组完成产品的整体质量水平上了一个大台阶。

不管是一个组织、一个团队，还是一个单位，首先都得有一套完备的制度，才能保证组织和团队的正常运行。完善的班组制度是为了维护班组利益，提高班组的工作效率和安全意识，给班组提供一个良好的工作环境和生活空间。没有制度在前，班组的管理、生产、组织以及人员的管理都不可能正常有序进行。因此，班组长应在深入学习国家法规，认真消化公司规章制度的基础上制订班组内的管理措施和实施细则。要用科学、严谨的态度制订健全的、标准化的、合理的、可操作的制度，并且还要对制度不断进行完善和补充，特别要加强保密、安全、劳动纪律和质量等方面制度的制订与完善工作。

总之，班组需要制订和实施合理的管理制度。任何一个集体，失去了制度的约束，势必如一盘散沙，毫无战斗力可言。作为一名班组长，不仅要熟悉和推行公司已有的管理制度，更要逐步建立完善班组的管理制度体系，制订出组员的行为规范，起草文件要注重可操作性，尽量使每一项行动都有明确的规定，并根据使用反馈情况及时更新，变无规定可依为有规定可依，从各个方面规范组员的行为。并通过日常的检查督促，逐步培养组员良好的工作习惯，鼓励组员自觉按制度去做，改正错误行为，养成良好行为习惯，为班组的正规化打下了坚实的基础。

2. 用制度说话，好制度重在执行

在班组管理上，班组长严格执行班组的制度，是制度建设的关键。有

第五章 严守制度，形成遵章守纪的良好班风

制度不执行或不严格执行，造成的后果往往比没有制度还要坏。如果组员看到制度只是挂在墙上、写在纸上而得不到有效落实，那后果就会跟"破窗理论"中的那扇破窗一样，会有越来越多的人把制度打破。纵容他们不遵守制度，不按制度办事的行为，制度也就不过是挂在墙上的一张纸罢了。要建设班组的制度，关键在于执行。也可以说，制度的精髓，就是执行。事实证明，制度的效用不仅取决于制度本身的科学性、合理性、适用性，而且取决于制度执行力的大小。

员工小张在工作期间分管一材料仓库区，因个人有事情回家，之前没有说明不返回单位工作，小张离开时只是把仓库办公钥匙交付给主管，但是没有交接材料库存数量，也没有交接进出材料账目单和电脑记录清单。小张离开岗位后，单位因工作需要，打开小张的办公室，发现室内小张自己的所有物品均已带走，单位打开资料柜，才发现没任何台账资料，事后单位问起台账资料时，小张说台账资料都在柜子里，单位向其索要存储的电子版资料，小张又说电子资料都在电脑里。但单位却没有找到。这样就使台账材料说不清，极大地影响了后续工作。

好制度重在执行。在工作中，统一、规范各种原始记录，认真做好日常生产状况、生产工艺监控记录，能够为班组日常管理工作提供可靠依据。所以，工作台账制度要生效，关键在严格执行，否则就会出问题。"麻雀虽小，五脏俱全"，班组工作是企业各项工作的缩影，班组生产的好坏，反映出一个企业生产水平的高低。班组长是企业制度的维护者，也是企业制度的执行者，更应该成为企业制度的模范遵守者。只有模范遵守和执行企业制度，才能更好地维护企业制度，才有资格管理别人。因此，班

组长要想管理好班组就要严格管理班组成员工作的过程。严就是严格要求，严格管理，严格执行。如果班组丢掉了"严"字，班组就会变成一盘散沙。这样对于班组有百害而无一利。"严"字当头，班组建设水平才会不断提高。

  上海锦江饭店接到过一项紧急任务："由于气候恶劣，巴基斯坦哈克将军的专机难以在北京降落。经磋商，决定改由上海着陆。现在，专机正向上海飞来，两小时后到达，请立即做好迎接准备！"

  任务已经明确，我们不妨看看上海锦江饭店是如何根据按时、保质、保量三项指标去圆满复命的。前后总共才两个小时，时间非常紧迫。但容不得一点儿马虎，绝不允许出现任何纰漏，该怎么保证圆满复命呢？

  时任总经理的任百尊同志一放下电话，第一件事就是组织接待班子。他召集精兵强将，召开紧急会议，指示所有准备工作都必须在两小时内完成。任总强调："大家听清楚了，两小时后车队就要到达上海，所以我们必须在120分钟之内完成准备工作——75套客房，100辆轿车组成的迎宾车队，供一二百人用膳的国宴——这一切的一切，都必须在两小时内按时、保质、保量地完成！"

  离两小时还差10分钟时，任总开始检查。他先来到客房。只见客房的地上、四壁、平顶均一尘不染，床面整洁，毛毯平顺。他点了点头，又审视了一下床头的插花，只见那些花造型新奇、典雅大方。当检查完所有的客房，看到服务员各就各位，面带微笑，已经准备迎接贵宾时，任总满意地笑了。这时，厨师长也打来电话，向任总报告道："厨房一切准备就绪！"任总看了看表：

距离 120 分钟还差 5 分钟。

当所有的工作都准备就绪时，任总接到上级的电话："国宾车队已到达淮海路与茂名路交叉口，两分钟后将进入客房。"将军入住饭店后，对饭店各方面的服务都表示"非常满意"。

仅仅用两个小时，要完成如此高规格的接待任务，对于任何一家饭店来说，都是一个极大的考验。如果没有每个人的高度执行力，要按时、保质、保量地完成这样高规格的接待任务，几乎是不可能的。执行是一种观念、一种责任、一种意志、一种文化。作为一个企业，再伟大的目标与构想，再完美的操作方案，如果不能强有力地执行，最终也只能是纸上谈兵。要提高企业的执行力，首先要从落实上来体现。只有比别人做得好，落实更到位，执行才能更有效果。

总之，班组长在工作中，要管理好班组，建立制度和执行制度是相辅相成的，制度能否产生效力，关键在于有效执行。如果班组长不把执行当做一回事，班组管理工作就不可能抓好，班组制度流于形式也就不足为奇了。对此，班组长要提高制度的执行力，必须从建立科学合理的制度、加大宣传力度、发挥班组长表率作用、加大检查力度、加大及时查处力度五个方面入手，将制度管理执行到位，充分发挥其效能。

3. 落实制度，建立人人守纪的良好班风

一个组织要想拥有强大的竞争力，首先要尊重制度，才能从根本上落实

执行。古语有云:"盖天下之事,不难于立法,而难于法之必行;不难于听言,而难于言之必效。"制订制度并不难,难的在于落实,在于是不是不折不扣地做到了。所以,班组制度建设也必须要落实才有意义。

下班前,上司让员工小张写一份会议发言稿和一篇安全动态分析,第二天开会要用。虽然小张经常写发言稿,但他觉得那么短的时间里自己是不可能完成任务的。可小张又不得不硬着头皮去完成上司交给他的工作。他把资料汇总,熬了一夜,又困又累,为了完成任务,他还是强打精神,在电脑上一个字一个字地敲。可直到上班时间,小张的文件还没完全写出来,上司过来问他写完了没有,小张无言以对。上司没说什么,只是拍拍他的肩说等会儿开会让他做好记录。

会后,上司把小张叫到办公室说,因为小张没有按时完成任务,致使此次会议没有取得预期的效果,决定扣发他的季度奖金,算是对小张的一次警告。小张解释说自己是没完成任务,但是没有功劳也有苦劳,别人休息、吃饭、睡觉的时间里,他都在查资料、写文件。上司对他说,公司要的是结果,不是要你闷在那里苦熬,没有结果就等于没做。

落实不力是对企业的最大伤害,落实能力就是企业不可复制的竞争优势。任务布置下去不等于落实下去,要紧抓落实,不让任务在落实声中落空。我们正处在一个激烈竞争的时代。现在,企业的负责人都是高效率的务实派,为了生存和发展,他们恨不得一天就把罗马建成。作为班组长,如果你能够深入理解上司的战略意图,迅速地把上司的战略意图变为实际行动,上司就会赞赏你,你如果从思想上、行动上跟不上企业发展的步伐，跟不上上司的战略决策，这说明你的执行能力欠缺，即使学历再高，被淘汰也是早晚的事。

有这样一个故事：一家企业负责人要求在开会期间，不允许接打电话。可是在开会期间，有些人照旧接电话，有些人一边拿着电话，一边说："对不起，我这个电话比较重要，是一个大客户。"只有当负责人参会时，大家才会自觉地把手机调整为振动状态或静音状态。而负责人一旦没有参会，大家就把他的规定丢在一边。后来负责人发现了这个问题，他再次召开会议时，提来一桶水放在会议室，然后对大家说："从今天开始，谁在会议上接听电话、发短信，一律将其手机扔进这桶水里。当负责人说完这句话，他的电话居然响了，他看了看电话，然后什么也不说，就把手机扔进了那桶水里。紧接着，又有一个管理者的手机响了，老板见状，走过去，将他的手机拿过来，扔进了那桶水中。老板的这一举动，让在场的所有管理者们真正意识到规则的严肃性。从那以后，再也没有人敢在开会期间接打电话了。

铁的纪律是战斗力的保证。在军队，有铁的纪律的部队才是真正的军队，才是有战斗力的军队；在公司，遵守纪律，是每个员工最基本的道德，具有严格纪律的企业和有强烈纪律意识的企业员工，才是有市场竞争力的企业。因此，对于一个班组，遵守制度，落实制度非常重要。每个班组都应该严格落实规章制度，只要有人触犯了，就要受到惩罚。在这些规章制度中，应明确规定组员该做什么，不该做什么，做了不该做的会受到怎样的惩罚。只有做到令行禁止、不徇私情，才能建立人人守纪的良好班风。这要求班组长要有"铁手腕"，维护制度的威严，不讲任何情面，严格落实。对于不遵守制度的组员,当批评则批评,当惩罚则惩罚,绝不姑息纵容。只有这样,才能维护制度的威严,才能建立按制度办事的班组文化。

那么,班组长要怎样做才能建立人人守纪的良好班风呢?

首先,班组长要事事起带头作用,不搞特殊化,始终以一个普通组员的身份来衡量自己,树立榜样,从我做起,一个班组集体是需要向心力和凝聚力的。如果班组长不能有力地执行规章制度,班组成员就有可能效仿,有可能放松警惕,那么要管理好班组成员就很难了。久而久之,规章制度就等于一纸空文,形同虚设,起不到约束的作用。

其次,要尽量把纪律变成习惯,班组内每月的考核考评,每天的班会,其实就是为了把守纪变成习惯。任何一个优秀的集体都要经过一段时间的适应与磨炼,在磨炼中慢慢的养成遵守纪律的好习惯。这样班组才会成为一个优秀的班集体。

4. 遵守作业标准化,减少差错发生

班组标准化管理,是班组制度建设和管理的重中之重。班组作业标准化就是对在作业系统调查分析的基础上,将现行作业方法的每一操作程序和每一动作进行分解,以科学技术、规章制度和实践经验为依据,以安全、质量效益为目标,对作业过程进行完善,从而形成一系列优化作业的程序,逐步达到安全、准确、高效、省力的作业效果。标准化作业的作用主要有以下几方面。

（1）标准化作业把复杂的管理和程序化的作业有机地融合为一体，使管理有章法，工作有程序，动作有标准。

（2）推广标准化作业，可优化现行作业方法，改变不良作业习惯，使每个工人都按照安全、省力、统一的作业方法工作。

（3）标准化作业能将安全规章制度具体化。

（4）标准化作业所产生的效益不仅仅在安全方面，标准化作业还有助于企业管理水平的提高，从而提高企业经济效益。

班组长实行作业标准化能有效地控制人的不安全行为。班组生产作业过程中，主要控制对象是人、机、料、法、环五要素。而这五要素中，必须有效控制自由度极大的人这一因素。因为人是客观事物的主体，人的不安全行为是诱发事故发生的主要原因。作业标准化，能把复杂的管理和程序化的作业融为一体，能有效控制、约束、规范人的失误，把可能发生的事故控制在最低限度内。

一名老年患者到医院投诉，说是药房人员少给她调配了3剂汤药。药房主任不敢怠慢，立即查阅处方调配记录，发现两周前某主治医师给该患者开了15剂汤药。为了验证药房人员是否少发了药品，主任把煎药室与调剂室的当事员工都叫了过来进行询问，经员工仔细回忆并查看各种操作表格记录，证明药房并没有少发药品。于是，主任向患者表示药房发的是15剂汤药，没有少发，同时提醒患者是否把药保存在其他地方却忘记了。患者回家后，果然在自家冰箱里找到了余下的3剂汤药。通过这件事，药房人员都认识到了各岗位记录签字与复核操作制度的重要性。

科学的工作制度、严谨的工作流程与规范的操作至关重要。这就是标准化作业的意义所在。因此，班组长需要重视标准化操作制度，在工作中，要对班组进行标准化管理，使班组工作进入有序管理的状态，监督组员正确作业。

日本人邮寄东西有重量限制，超过5千克要另外收费。一次，有人寄一封夹两张信纸的信。按照常理推测，两张信纸想都不用想，肯定不会超过5千克，所以根本用不着再去称重量。但日本邮局的工作人员不这么想，他不管要邮寄的东西有几千克，拿过来走的第一个程序就是过秤。秤显示出来的重量不超标，他才会做第二道程序。

明明可以看一眼就能判断出重量的邮件，日本邮局的工作人员为什么还要按标准化执行？因为他们尊重工作标准化。尊重标准化才能有效执行，一个对标准化流程不尊重、不信任的员工，不可能百分之百地按流程执行。可是，班组为什么要尊重标准化流程呢？答案是因为它事关班组每个成员的利益。班组作业标准化是预防事故、确保安全的基础。

提起某采矿公司通风区放炮三班班长金文强，工友们都这样说："一到工作岗位上他就会变得胆子小、婆婆妈妈，执行规程措施斤斤计较。" 2009年3月初的一天，541007运料道石门掘进工作面放炮员小刘估计着量完距离，拉好放炮警戒绳后，金文强却解下放炮警戒绳，并严厉地说，"小刘，你看还不到75米，再向后退几步再挂放炮警戒绳，放炮员干的是仔细活，稍不留神就会出大乱子"，随即，金文强按规定距离拉好警戒绳，接着又检查了人员撤离情况后，才允许小刘拉炮。为了保证危险爆炸物品

第五章 严守制度，形成遵章守纪的良好班风

出火药库之后的安全，只要他上班，就会跟着去最远地区的放炮员一起送炮，一路上，他不是嘱咐这就是提醒那，生怕出什么纰漏，到工作面上，"一炮三检""三人连锁放炮制度"执行得一丝不苟，谁要是省一个步骤被他发现，返工不说，还得被狠狠地批评一顿。

〰〰〰〰〰〰〰〰〰〰〰〰〰〰

实行作业标准化能有效地控制"三违"现象的发生。从数据统计可以看出，企业中所发生的事故，有90%发生在班组，班组中有80%的事故是由"三违"现象引起的。班组作业标准化把企业各项安全要求优化为"管理标准、技术标准、工作标准"，并在作业单元上严格规定了操作程序、动作要领。把整个作业过程分解为既互相联系又互相制约的操作程序、动作标准，把人的行为限制在动作标准之中，从根本上控制违章作业，特别是习惯性违章作业，保证班组作业人员上标准岗、干标准活、交标准班，从而制约侥幸心理、冒险蛮干等不良现象。对班组长来说，制度是管理的依据，考核的标尺，也是标准化管理的重要保障。制度严密、措施得当是班组管理的基石。在日常的生产活动中，班组长一定要标准化操作，否则事故一旦发生，一切都无法挽回。

5. 加强细节管理，防范弄虚作假

工作中无小事，任何惊天动地的大事，都是由一件又一件小事构成

的。决定成败的不再是高瞻远瞩的战略,而是无数微若沙砾的细节。一件小事的失误,一个细节的疏忽,会造成前功尽弃、满盘皆输的后果。许多大企业的倒台,并不是因为大事情没做好,而是在小事上栽了跟头。任何细节,都会事关大局,牵一发而动全身,每一件细小的事情都会通过放大效应而突显其重要影响,忽视了任何一个细节,都会产生不可想象的后果。因此,在班组管理上,班组长要加强细节管理,严格遵守制度,堵住漏洞。

陈丽丽是燕京啤酒的一名质检组组长。一天,她在生产车间巡视时注意到有一台机器的运转速度不稳定,而操作工小郭仍然在生产操作。经验和直觉告诉她,这台机器的转轴内芯有可能出现了较严重的磨损,必须停机检修,否则,生产出的产品很有可能出现质量问题。

于是,陈丽丽马上安排操作这台机器的工人准备停机检修,但操作工小郭却说:"陈姐,不能停啊,这批货特别急,那边已经催了好几次,上面下命令明天必须交货,否则会扣奖金的。再说了,这台机器以前也出过这个毛病,也没出现什么问题啊。"

陈丽丽听了这话,耐心地对操作员说:"小郭啊,这台机器必须检修。如果因为机器缘故造成质量问题,你知道那样的影响会有多坏吗?咱们的消费者如果喝着味道有问题的啤酒,肯定不会再买了,我们与经销商之间的合作也会受到很大影响。到那时,也许不会再有'赶活'的任务,因为根本就没活干了,奖金就更不用提了。而且,我们生产的产品是要对消费者负责的,你说是不是?"

听了陈丽丽耐心的解释,操作员小郭才开始停机检修。一个

第五章
严守制度，形成遵章守纪的良好班风

可能给企业带来不利影响的隐患在陈丽丽严格把关细节问题后解决了。

成于细节，赢在执行。把每一个细节做好就是完美执行。有人说做大事的人应该不拘小节，许多细节只是小事一桩，不必过分在意。不！卡耐基曾经说过："一个不注意小事情的人，永远不会成就大事业。"不要小看了细节，在这样一个细节决定命运的年代，那些看起来十分不起眼的小细节，或许会对全局产生较大影响，在无形中影响人生，改变着命运。我们正处于一个细节制胜的时代，不管是企业，还是个人，其成功大都建立在一点一滴、日积月累、坚定不移地做好每一个细节之上。

无数事实证明，小事连着大事，细节关系成败。在我们的工作中，不注重细节，忽视细节，最终铸成大错的事例不胜枚举。在工作中，我们虽然不可能注意到所有细节，但我们能做的就是以零缺陷的目标来要求每一个进入工作流程的环节。这就需要我们首先对工作的各个环节了如指掌，很多失误都是因为对工作流程一知半解。如果疏忽了细节，就有可能导致不幸，甚至是灭顶之灾。因此，做任何工作，班组长都要认真负责，要求严格，特别是在工作中不能违反制度，弄虚作假。

小马是一家工厂的班组长，他对弄虚作假有着深刻的体会。他曾经回忆道——几年前，那时我刚当上班长不久，就接到通知，上司要来检查我们班组的安全管理，给我们向公司申报安全文明班组。我激动万分，这是对我这一年班长工作的充分肯定啊。我生怕有什么差错，把班组那本久未看过的安全管理台账又翻了翻，台账的封皮破了，里面的字迹也显得潦草了些，还有的记录没来得及写完……这怎么能给上司看呢？想到这，我就把管理台账偷偷地带了回去，准备重新补一本。

为了把台账做漂亮点，我特地买了新记录本，然后请了几个写字漂亮的朋友，按不同的日期重新抄了一遍。看着这崭新的台账，我仿佛看到上司赞赏的目光。一周后，上司前来检查，我怀着忐忑不安的心情站在一旁，等着上司提问。"你单位 P-208 泵烧毁，作为班长你应该怎么处理？""装置硫化氢报警仪突然高报，你们应该怎样应急？"我有条不紊地回答着，七八个问题过后，上司的脸上露出笑容。

突然，我观察到上司的笑容凝固了，其中一位科长问我："这个管理台账是去年的吗？"我连忙称是。"那怎么会用上个月才出的笔记本誊写？"我看着上司指的笔记本的生产日期，一下子傻了……

事后，上司把我叫了去，认真听取了我的解释后对我说："安全管理台账不是一漂亮的摆设，我们之所以记台账，就是希望通过吸取兄弟单位血的教训、学习各种技能，增强大家面对事故的应变能力，增强保护自己和同事、保护国家财产的能力。如果这些流于形式，那付出的将是血的代价，作为班长，你应该知道身上的责任。"

从此，看到这本小小的班组安全台账，我就会提醒自己：弄虚作假要不得。

弄虚作假的危害是十分巨大的，班组长如果弄虚作假，没有遵守纪律和制度，那么班组只能是一盘散沙。如果班组长不把班组制度当一回事，班组管理工作就不可能抓好，班组工作流于形式也就不足为奇了。所以，班组长要严格进行制度管理，重视细节，防范弄虚作假。听任弄虚作假的现象泛滥而不采取严厉的措施进行有效控制,这是对工作不负责任的表现,任何地方出现这种不作为的情形都必须被声讨和批判。

总之,班组制度的建设和执行都是在一点一滴的具体过程中坚持下来的,大的制度要坚持执行,小的制度也不能放松。如果只建立制度而不谈如何执行,那么这个制度本身的威信就会荡然无存。所以,在班组中,班组长要严格进行细节管理,按规章制度和原则办事,避免弄虚作假。班组长对于执行过程中的弄虚作假现象,必须要坚决制止,绝不姑息。

6. 杜绝借口,积极执行上级的任务指令

在班组工作中,班组长经常会听到这样或那样的借口,被告知不能做某事或做不好某事的理由,它们好像是"理智的声音""合情合理的解释",冠冕堂皇。然而,寻找借口的唯一好处,就是把属于自己的过失掩饰掉,把自己应该承担的责任转嫁给社会和他人。这样的人,在企业中不会成为可以期待和信任的员工,在社会上不是大家可以信赖和尊重的人。因此,在班组工作中不要寻找任何借口,而要积极执行上级的任务指令,保证完成任务。

"保证完成任务",这是军人在接受任务与命令时最普遍的回答,表明了他们坚决执行命令的态度。"保证完成任务!"并不是一句简单、冒失的口号,而是一种说出来就必须做到的承诺。在军队中,言必行,行必果,一句"保证完成任务",就相当于一纸军令状。而在企业中,保证完成任

务，则意味着面对一项任务，没有任何借口，必须执行！

在我们的实际工作中，遇到再大的困难和挫折，我们只有全力以赴，千方百计完成自己的工作。而不是找出更多更合理的借口，那只能说明你在工作中的不敬业，推责任，伪服从。既然如此，为什么不把找借口和理由的时间用到改进工作中去呢？与其抱怨因为这个或那个原因，还不如从找到的"原因"入手，竭尽全力去解决问题。相信只要我们努力抬头找方法，去付诸行动，一个个问题就会迎刃而解。

优秀的班组长都明白一个道理：工作中，必须遵守纪律、服从命令，必须一切行动听指挥。这就意味着面对一项任务，没有任何借口，必须要严格执行，这就需要组员在完成任务的过程中严格按照班组的纪律行事，积极执行班组长的任务指令！所以，无论如何，不要寻找任何借口，而要提升班组的执行力，发挥班组成员的主动性。

~~~~~~~~~~~~~~~~~~~~~~~

提起齐世明，在辽宁华电铁岭发电有限公司输煤分厂的每个人都会竖起大拇指，佩服他的为人和对工作的敬业精神。作为一名复员军人，他以军人的责任感要求自己，在工作中勇当排头兵。曾经9次荣获公司劳动模范的他，被大家亲切地称为劳模班长，2010年又被授予辽宁省优秀班组长，而他所带领的班组——皮带班也被授予"辽宁省优秀班组"荣誉称号。

齐世明所在的输煤班现有成员14人，主要担负一、二期输煤皮带、叶轮、减速机、碎煤机、筛煤机以及水气管路的日常维护与检修工作，工作点多、线长、面广，环境艰苦，任务繁重。几年来，齐世明带领他的团队，相继对输煤犁煤器、筛煤机、碎煤机叶轮、给煤机进行技术改造。在二期排水系统运行中，齐世明发现二期排水系统管路堵塞现象经常发生，影响系统的稳定运行。凭着多年现场实践经验，他大胆地提出了对其进行技术改造，加大原有泵坑，改变原管路走向。在改造过程中，他严把质量关，抓住关键细节，强调检修工艺，从而保证了排水系统改造后试运一次成功。

2010年11月5日，一期五段皮带由于磨损严重，已经无法正常运行，当时正值公司抢发电，为了不影响上煤，齐世明带领全班成员，不分昼夜，加班加点，忘我工作，在胶带更换过程中，逐一做好减速机检修、液力偶合器检修、联轴器检修、落煤筒检修、托辊更换等工作，每个步骤都严格执行检修工艺标准，原计划5天完成的660米皮带检修更换任务，最后仅用了3天就完成了，创造了输煤班一天交接两道口的纪录，并且试运一次启动成功，胶带运行良好无跑偏。

2010年12月24日刚下班，很多人正在准备欢度平安夜，而输煤分厂却在经受着严峻的考验，1号堆取料机配料胶带被拉断，2号堆取料机副尾车改向滚筒损坏，两台堆取料机都处于瘫痪状态，兄弟班组紧急求援。齐世明知道问题相当紧急，通知全班成员冒着严寒从家属区赶赴现场，一套完整的抢修方案在毫无遮拦的堆取料机上悄然实施，紧张的工作有序地进行，经过皮带班的奋力抢修，当晚8点30分，2号堆取料机恢复了运行，一期设备正常上煤得到了保证。

仅2010年，皮带班进行的螺旋卸车机改造，凝结水回收装置改造，二期五段胶带的交接，雨季二段尾皮带机水淹抢修，二期排水系统改造，二期二段头犁煤器的安装，一号叶轮、四号叶轮闪齿轮箱及耙齿的更换，五段犁刀的更换，各段落煤筒母板及衬板的更换等，就让大家清楚地看到了齐世明所在班组承载的压力与挑战。然而，每一次的突击抢修，齐世明和组员们都毫无怨言，不讲条件，不计报酬，保质保量完成抢修任务，他们用积极主动的敬业精神，彰显了新一代员工的风采。

所以，班组工作要的是结果不是借口，结果是检验工作成败的唯一标准。只有结果能证明班组的生产能力和价值。结果决定一切，结果才是硬道理。没有结果，班组乃至企业就会死亡；没有结果，个人就会被淘汰出局。因此，不要让借口成为工作的绊脚石。不找借口，再艰巨的任务也能完成，不找借口，再困难的问题也能解决。班组长要有主动积极、认真负责的工作态度，成功也会随之而来。

第六章

精益管理，合理安排班组生产计划

精益管理要求企业的各项活动都必须以最小资源投入创造出尽可能多的价值，为客户提供新产品和及时的服务。要想让企业的效率提升，班组工作应该进行精益管理。计划是管理的首要职能，生产计划是实施精益生产的基础。班组长对班组每一项工作都要清清楚楚，既要做好计划，又要抓好落实。只有班组进行精益管理，充满勃勃生机，企业才能保持旺盛的生产活力。

1. 做好班组计划，安排岗位和人员

计划对工作既有指导作用，又有推动作用，搞好工作计划，是建立正常的工作秩序，提高工作效率的重要手段。在班组管理上，工作有计划是一种责任心的具体体现，处理起工作来也能有条有理，不会浪费时间，进而提高办事效率。很多管理方面的权威人士都指出：如果能把自己的工作计划清楚地写出来，便能更好地明确责任，进行自我管理，这样也会极大地提高个人能力。所以在班组工作中，班组长要使工作有计划，明确工作目标、进度，并通过高效的执行力保证计划的实行。

美国企业家赖福林说："你应当计划你的工作，在这方面所花的时间是值得的。如果没有计划，你肯定不会成为一个工作有效率的人。工作效率的中心问题是：你对工作计划得如何，而不是你工作干得如何努力。"在班组工作中，计划与班组的工作任务、绩效考核息息相关。班组长必须对工作进行科学合理的计划和安排。班组工作计划按时间的长短可分为：长期工作计划、中期工作计划和短期工作计划；年工作计划、季度工作计划、月工作计划和周工作计划。按紧急程度可分为：正常的、紧急的、非常紧急的工作计划。按制订计划的主体可以分为：自己制订的和领导下达的工作计划，以及同等职位请求协助完成的工作计划。按任务的类型可分为：日常的计划和临时的工作计划。

工作计划的制订不仅能够使班组工作变得主动，而且便于检查和总

结，可以成为指导工作、推动工作前进的一种动力。计划一旦形成，就在客观上变成了对本班组工作的要求，对计划实施者的约束和督促，对工作进度和质量的考核标准。所以，班组工作计划的制订一要紧紧围绕企业的工作目标；二要充分听取班组全体成员的意见，集思广益，实行民主集中制，不能搞"一言堂"。

制订班组工作计划有三个问题要注意：第一，计划中提出的工作目标、任务、措施要符合党的路线方针政策，要与本单位、本班组实际工作中的重点相吻合。第二，制订计划要从实际出发，要符合本单位、本班组的客观实际，不要好高骛远，目标提得太高却无法完成，那不是完善的计划，而是"放空炮"。因为，计划确定以后，就必须不折不扣地执行。第三，内容要明确具体，语言要简明扼要，条理要清楚严密，便于执行和检查。

此外，在班组管理上，班组长还要学会定岗定员，把人员配备妥当，使班组的工作顺利进行。在现代化大生产，尤其是流水线生产方式下，企业往往根据这一特点以及生产工艺流程，来合理设置班组人数。设置班组后，根据生产工艺确定生产岗位，根据作业内容配置相应的人数。这叫定岗定员。某一岗位人员的缺岗，会直接影响整个生产线的工作进度，订单产品的质量、交货期。在一些企业里，班组人员的配备不是班组长权限内的事，但是对班组人员的要求，人力资源部在招聘、调配人员时，一般都会参考班组长的意见。他们知道，只有班组长才真正明白某一岗位人员的能力要求。所以，作为班组长，应为班组人员的配备、调配积极地提出好的建议，争取找到合适的人。定岗定员管理要讲究"人岗匹配"，一把钥匙开一把锁，钥匙本身没有好坏之分，关键是看锁和钥匙是否吻合。具体到班组长的管理工作中，组员就是钥匙，工作任务就是一把把锁。要想让钥匙与锁匹配，至少要考虑以下两点。

第一，对组员进行全面、完整的评价。班组长可以请自己的组员用几天时间，用书面形式列举出他们对自己的评价、对工作的定位。要让他们坦率、诚实地写出自己喜欢什么，愿意承担哪些工作任务，希望哪些方面的能力得到提升，等等。然后也可以请大家列出除自己之外，对其他组员的工作评价。尤其要注意那些工作有交叉的组员彼此之间的相互评价，以及那些尖锐的批评。

第二，了解组员完成工作的速度与质量情况。对于管理者来说，很多时候，工作任务并没有那么复杂多样。这时候，了解组员的工作速度与质量就很重要了。通过对组员工作效率的把握，可以更好地量才用人。倘若班组的成员中有一个各方面都出类拔萃的人，要避免出现把所有工作都交给他做的倾向。

小乔师傅是厂里的工人技术骨干，为人老实厚道，多次在公司电工比武中名列前茅。电工班老班长退休后车间领导任命小乔师傅为电工班班长。小乔师傅好钻研，电工方面的技术问题很少能难得倒他。担任班长后小乔师傅更加任劳任怨。他每天从早忙到晚，手脚不得闲，把电气设备检修和运行线路的维护工作做好。但小乔师傅有个特点就是不太爱说话。平时和上司、同事们的话就很少，车间调度会他很少发言，班前会也只是简短几句布置任务。私下里和上司、班组成员几乎没有什么来往。小乔师傅认为班组长最重要的是以身作则，带头完成各项工作任务。而且每天班上有那么多活要做，不应该把精力用在鸡毛蒜皮的人际关系上。这样下来，小乔师傅就不能有效地调动全组成员积极开展工作，虽然工作很努力，但电工班的效率却提不上去。

显然，小乔师傅不是个称职的班组长。虽然班组长作为生产最前线的指挥员应该冲在最前面，但作为一名基层管理者，班组长绝不能忽视自己的管理职责，应该组织调动班组成员共同完成工作而不应该只是自己埋头做事。否则，即使你有三头六臂累得吐血也不见得能完成班组工作任务。要使本班组的工作顺利进行，必须把人员配备妥当，从而高效、高质地完成班组任务。

总之，班组长要做好班组计划，合理分配班组成员的工作，调动各岗位成员各负其责、各尽所能。班组虽小，但成员的性格不同，素质有高有低，洞察成员的思想状态，观察个人的工作能力是班组长的用人原则。也就是说，把某个人放在哪个岗位上，应根据其能力和工作态度来决定。比如，安排技术水平高、能力强、工作认真的组员去把质量关。这也是班组长的工作方法。反之，如果没有计划，不能做到知人善用，人尽其才，工作无轻重之分，质量责任无能人把关，工作上的漏洞和质量事故就会重复发生，班组业绩就会下降。

2. 控制生产进度，快速切换生产

生产进度控制，又称生产作业控制，是在生产计划执行过程中，对有关产品生产的数量和期限的控制。其主要目的是保证完成生产作业计划所规定的产品产量和交货期限指标。生产进度控制贯穿整个生产过程，从生产技术准备开始到产成品入库为止的全部生产活动都与生产进度有关。习惯上人们将生产进度等同于出产进度，这是因为客户关心的是能否按时得到成品，所以企业也就把注意力放在成品的完工进度上，即出产进度。这也是班组长在工作中要掌握的高效率的工作方法。

从中国目前企业的状况看，进度控制的首选措施仍是以足够的库存对付各种随机干扰，这种状况有待进一步改进。改进的思路如下。

①控制影响生产进度的最基本原因，从根本上消除隐患；

②改进信息处理手段并及时反馈；

③由于时间资源的刚性，所以更多地采用事前控制方式，是最主动、最积极、最有效的；

④要有系统的观念，追求整体利益的有效控制。

不过，班组长要注意不同生产类型的生产过程差异很大，影响进度的主要因素不尽相同，控制的重点和方法也不一样。

此外，在当今的市场中，以工序为单位组织大批量的生产已不能适应市场多品种、小批量、短交期的要求，生产型企业必须改变过去的生产安排方式，快速切换生产，提高效率。在多品种、少量生产的企业中，生产线每天可能要进行几次（多的甚至是十几次）的产品切换，即当某一种产品产量完成时需要转换进行另一种产品的生产，这就是生产中常说的产品切换。在进行产品切换时，不仅仅是切换产品间零件的不同部分，还包括不同产品的生产条件和规格，比如装配方法、检验规格以及生产用的各种工具、夹具、计量仪器等。因此，切换工作顺序非常重要，班组长要认真把握。其实，在工作中正确快速切换生产可以让班组长高效地完成工作任务。为什么许多人都在勤勤恳恳地做事，但结果却不一样呢？其中一个重要的原因是有的人做起事来毫无头绪，完全被烦琐的事务牵着鼻子走。因此，班组长在工作中的重点是优化工作程序，尽量简化工作流程，以减少工作的复杂度。还要注重分解复杂工作。对复杂的工作，要善于分解，或寻求他人的协助，协同完成工作。

　　班组生产现场的切换作业可以分为换模作业、变更标准作业、换线作业和准备作业四种类型。第一，换模作业。这种类型的切换作业一般是指模具、刀具、工装夹具等的切换，在机械加工厂及注塑厂比较常见，如冲床、锻床、注塑机等模具的更换，车床、钻床和铣床等刀具和夹具的更换等。第二，更换标准作业。具有数控系统的机床、化学装置、测试仪器工作时，一旦产品变更，就必须重新设定条件更换相应的工作标准。例如，调整加工参数、工作温度、测试程序等。其实，在整个切换的过程中，调整是最耗费时间的，也是难度较大的部分。第三，换线作业。在加工或组装生产线上，当切换产品加工时，所使用的材料或零部件等就必须跟着更换。这种切换作业一般称为换线作业。第四，准备作业。准备作业是指在制造开始前所必须要做的准备工作，如机械加工前的图样审阅、工作指派以及工作后的清洁整理等工作。以上四类切换作业均会造成生产暂时停顿。传统上只着重于对第一种类型的切换作业，即换模作业切换动作的改善，而忽视了其他三种类型的改善。其实后三种类型的改善不但很容易做到，而且节省的切换时间也很可观。

　　一般生产现场的产品生产切换主要有以下几种方法。

（1）休克转换法

　　休克转换法就是先将生产此产品使用的全部物料、半成品及生产另一种产品不适合的用具（工模夹具）清除，再投入生产另一种产品所需的材料及工模夹具才能开始生产。所谓休克就是使生产线保持片刻的空载，使生产停顿一定的时间。确保两种产品在生产时具有适当的间歇和隔离，以免物料发生混淆。

（2）循环转换法

　　循环转换法是在不清理生产线的情况下直接投入所要转换产品的各种

物料及工具进行生产的一种方法。该方法适合于生产管理水准较高的企业，因为是在不清理生产线的情况下两种产品混流，所以，这就要求操作者具有很高的识别性。

（3）混合生产转换法

混合生产转换法是利用产品混合下生产线的方式进行转换，两种产品同时下拉，以循环方式下机和生产。混合生产转换法适合于多品种、小批量生产，是一种比较先进和高效率的生产方式。提高班组工作效率，就是在单位时间内完成更多的工作量，就是要用最小的成本，在最短的时间内实现最大的效益，不但要快，而且要好。企业制订出的岗位说明书、绩效考核制度等相关文件让班组长明确了自己在工作中需要做什么、需要达到何种标准，可面对一大堆事务，班组长怎样才能做到高效率地切换工作呢？其实很简单，按任务的轻重缓急安排好班组工作就行了。

需要注意的是，班组长还要做好以下的准备：第一，班组长提前确认当天的生产计划，如果计划中当天必须生产两种以上的产品，则需要进行产品切换。第二，根据企业的"产品间差异一览表"（如果没有，可根据实际情况制表），明确各个岗位（工段）的产品差异情况，在切换产品时加以对照。对此，优秀的班组长做事前一定会先考虑切换现场的总体任务有哪些，排好具体任务的优先级，有序做好各项切换工作。

3. 爱护现场设备，做好生产准备

在企业生产中，设备、工具和原材料等都要由班组掌握和使用，企业

第六章
精益管理，合理安排班组生产计划

各项管理措施也要通过班组的活动来实现，班组是企业实现安全文明生产的基础。对于班组而言，设备的管理主要是保证设备的正常运转，通过日常的安全检查，及时发现生产设备和作业环境存在的事故隐患，及时报告并采取措施消除事故隐患。管好用好生产设备，提高设备管理水平对促进企业进步与发展有着十分重要的意义。

有这样一个故事，斯坦门茨是著名的电机专家。美国福特公司的一台大电机出了故障，总是找不出毛病。总经理慕名把斯坦门茨请来。斯坦门茨经过两天的观察、记录、计算之后，才用粉笔在电机的外壳上画了一条线，说："打开电机，在记号处把里面的线圈减少16圈就好了。"人们照他说的办了，结果电机就修好了。总经理问他要多少酬金。斯坦门茨说："10000美元。"总经理很吃惊地说："你画一条线就要10000美元？"斯坦门茨回答道："用粉笔画一条线1美元，知道在哪里画线9999美元。"于是总经理愉快地付了酬金。

作为一名班组长，对于自己管辖的工作要做到心中有数。譬如对检修班组来说，班组管理的业务范围是什么，有哪些设备系统，它们的标准化和构造如何，有哪些保护和控制系统，这些设备系统在机组运行中起到什么作用，有什么功能，等等，这些问题都必须搞清楚。只有把这些问题搞清楚了，我们才能顺利工作。

企业进行生产经营的目的，就是获取最大的经济效益，企业的一切经营管理活动也是紧紧围绕着提高经济效益这个中心进行的，设备管理是提高经济效益的基础。提高企业经济效益，简单地说，一方面是增加产品产量，提高劳动生产效益；另一方面是减少消耗，降低生产成本，在这一系列的管理活动中，设备管理占有特别突出的地位。"工欲善其事，必先利其器"，开发生产先进产品，必须建立在企业具备先进设备及较高的管理水平之上。若疏于管理，用先进设备生产一般产品，会使生产成本增加，失去市场竞争能力，造成极大的浪费；有的先进设备带病运转，缺少零件，拆东墙补西墙，不能发挥设备的全部效能，降低了设备利用率；有的设备损坏，停机停产，企业虽有先进的设备，不但没有发挥出优势，反而由于设备价格高，运转费用大，成为企业沉重的包袱，致使企业债台高筑，生产经营步履维艰。而一些设备管理得好的企业，虽然没有国外的先进装备，由于管理水平高，设备运转状态良好、效率高，一样能生产出高质量的产品，市场竞争能力强，企业效益也会稳步增长。

朱志伟是一位优秀的锅炉班组长。在日常工作中，朱志伟的工作原则是"安全第一，预防为主"。锅炉行业属于特种行业，锅炉是存在高危险性的压力容器，因此，司炉工能否确保设备安全就显得十分重要。

一次接班后，还没有对附属设备进行日常检查，司炉工就自行将两台锅炉开启。当朱志伟询问时，那位司炉工还满脸不在乎，认为没有异常就行。可是朱志伟不敢大意，按照安全操作规程的要求进行了仔细巡查。当巡查到化验室水箱时，他发现水位已经在警戒线以下了。情况十分危急，他即刻命令紧急停炉，并采取相应措施，待补足水量后再启动锅炉，从而避免了一起因锅炉缺水造成的事故。

在朱志伟的身上，像这样的事情还发生过很多次。朱志伟以身作则，爱护生产设备，带动同事们安全生产，远离隐患，是一位优秀的班组长。

设备管理是企业安全生产的保证。安全生产是企业搞好生产经营的前提，没有安全生产，一切工作都可能是无用之功。重视安全生产，要紧抓常抓安全生产。安全生产是强制性的，是必须无条件服从的，企业的任何生产经营活动都必须建立在安全生产的基础之上。根据有关安全事故的统计，除去个别人为因素，80%以上的安全事故是由设备不安全因素造成的，特别是一些压力容器、动力运转设备、电气设备等，若管理不好则更是事故的隐患。要确保安全生产，必须有运转良好的设备，而良好的设备管理，也就消除了大多数事故隐患，杜绝了大多数安全事故的发生。

此外，在班组工作中，爱护设备是企业产量、质量、效率和交货期的保证。在市场经济条件下，企业往往是按合同组织生产，以销定产。合同一经签订，即受到法律保护，无特殊情况不能变更，违约将受严厉的经济制裁。如果没有较高的设备管理水平和良好设备运转状态做保证，是不可能很好地履行合同规定的。一旦违约，给企业带来的就不仅仅是经济上的损失，往往还会失去市场，必将给企业的发展带来严重的影响。

总之，生产设备是生产力的重要组成部分和基本要素之一，是企业从事生产经营的重要工具和手段。要保证设备正常运转，班组长应与设备维护部门协调一致，对设备经常进行保养和维护，有异常就要立即排除，确保设备的完好，为安全生产作好准备。

4. 做好质量管理，保证质量零缺陷

面对竞争日益激烈的市场环境，企业必须建立客户利益至上的思想，

完全满足客户的需求和期望，这就要求任何公司的产品都不允许出现半点瑕疵，对产品的品质追求"零缺陷"。班组长把工作做到零缺陷意味着尽自己的最大努力把工作做好、做到位。这是世界名企的立业之本，也是每一位优秀班组长的终生追求。

"零缺陷"的概念产生于美国。零缺陷之父菲利浦·克劳士比之所以走上零缺陷推广之路，就源于态度的转变。克劳士比的职业生涯始于一条生产线的品质管理工作，当时尝试多种方法向主管说明他的理念："预防更胜于救火。"他先后任职的公司包括：1952年于克罗斯莱公司；1957年至1965年于马丁玛瑞塔公司，以及1965年至1979年于国际电话电报公司。在克罗斯莱的时候，他对与质量相关的知识努力学习，不遗余力，几乎读遍当时所有的质量书籍，并且加入美国质量学会成为会员。在担任马丁玛瑞塔公司的质量经理时，克劳士比曾经提出"零缺陷"的观念与计划，并因此于1964年获得美国国防部的奖章。菲利浦·克劳士比对世人有卓越贡献及深远影响，被尊为"本世纪伟大的管理思想家""品质大师中的大师""零缺陷之父""一代质量宗师"。

零缺陷工作听起来很神圣，也很有难度，但它也是由工作中每一个简单的结果联合组成的。"零缺陷"表达的是一种不向任何不符合最高要求的做法妥协的决心。它要求人们努力工作，把工作当作自己的事情来做，达到"零缺陷"的境界。

对产品质量来说，不是100分就是0分。"零缺陷"管理理念从根本上讲是一种旨在引导员工行为的意识和认识，它的出现及相关理论的发展是对质量管理理论的深化。在工作中，班组长要深刻认识"以品质求生存"的真实含义，认真解决班组生产现场中出现的问题，始终坚持高标准、严要求，坚持按照品质标准办事；坚持"品质第一"的方针，对本班组成员进行品质管理教育，认真贯彻执行品质制度和各项技术规定。同时，组织好自检、互检活动，严禁弄虚作假行为，开好班组品质分析会，充分发挥班组品质管理的作用。

"21世纪是质量的世纪，"美国著名质量管理专家约瑟夫·莫西·朱兰曾说，"生活处于质量堤坝后面。"质量就像黄河大堤一样，在给企业带来利润和认可的同时，也给企业带来了决堤的风险。随着经济全球化进程的加快和信息革命的迅猛发展，任何企业总会存在质与量的选择：要么毁企业发展之前程，求一时之利；要么精心耕耘，打造高质量产品。产品质量是企业生存与竞争之本。没有质量，企业就没有明天。作为一名优秀的班组长，必须清楚自己及自己的班组与企业品质之间的关系。把确保质量作为班组一切工作的出发点和归属点。

于师傅是某集团模具厂的一名班组长，是一个从事体力劳动的"蓝领工人"。由于工作技术性较强，为了尽快掌握钳工技术，他到书店买来相关书籍，利用业余时间抓紧学习。在生产过程中遇到不懂的地方就虚心请教，并注意观察老师傅的操作方法。有时别人都下班了，他还在车间里边琢磨边反复练习操作技术。进厂3年后，他成为企业里的钳工能手，并当上了钳工班班组长。为把误差降到最低，他把车间所用的量具都进行检查、校正，以保证模具的上机合格率。多年来，经他加工或验收的模具合格率为100%。

抓生产、控质量是合格的班组长的工作内容。班组长要深刻认识"以品质求生存"的真实含义，认真解决班组生产现场中出现的问题，坚持按照品质标准办事；坚持"品质第一"的方针，对本班组人员进行品质管理教育，认真贯彻执行品质制度和各项技术规定。严格执行工艺和技术操作规程，建立组员的品质责任制，重点抓好影响产品品质的关键岗位，监督其工作质量，保证品质指标的完成。品质是企业的生命，是企业永恒的主题，也是企业核心竞争力的基础。

在市场经济日益发达的今天，质量对于一个企业的重要性越来越大，产品质量的高低是企业有没有核心竞争力的体现之一，提高产品质量是保证企业占有市场，从而能够持续经营的重要手段，一个企业想做大做强，在增强创新能力的基础上，努力提高产品和服务的质量水平是重要的辅助手段。据统计，一个企业的平均寿命只有7年，那些被市场无情淘汰的企业可能存在各种各样的内部管理以及外部市场环境恶化的问题，但毋庸置疑，许多企业失败在不注重产品质量这个环节上。质量在今天之所以变得比过去更加重要，是因为市场环境同商品紧缺时代相比，已经发生了根本性的变化，只要能生产出来就能卖出去的年代已经一去不复返了。成功的企业无一例外地重视产品和服务的质量。质量改进是关系企业生存的重要问题，企业产品质量的重要性愈加突出。因此，注重产品的质量问题，也是当今企业发展必须考虑的问题。

任何一个从事过企业生产工作的人都了解，企业生产活动的直接负责机构便是班组，它是企业生产活动的基本单位，是企业最基层的生产管理机构。一句话，班组是组成企业的细胞，班组管理是企业管理的基础，而班组长是企业工作的直接落实者。从企业的角度来讲，产品的质量关乎到企业市场的发展和客户的稳定，班组长一定要带领组员高质量地完成生产任务，提升产品质量。

5. 开展 QCDS，实现现场综合管理

QCDS 管理，也就是质量（Quality）、成本（Cost）、交货期（Delivery）和服务（Service）的综合管理。QCDS 最初由丰田公司提出以作为衡量其供应商的供应水平的指标之一。这套指标不仅适用于汽车零部件生产，用于其他产品也很合适，而且全面、简单、直接地描述了客户对一产品的所有要求和期待。如果有其他方面，也可以相应地归结于这四项中的某一项。所以这项指标很快在日本制造业里推广开来，甚至成为一些工厂的生产制造管理理念。之后这种理念又传播到其他国家和地区并慢慢开始发挥影响，当然也包括我国。

在班组工作中，现场能提供大量的信息。班组的现场管理水平是企业的形象、管理水平和精神面貌的综合反映，是衡量企业素质及管理水平高低的重要标志。搞好班组生产现场管理，有利于增强企业竞争力，提高产品质量，保证安全生产，提高员工素质，对提高企业管理水平和经济效益具有十分重要的意义。

俗话说："百闻不如一见。"间接的信息不一定都是真实的，要想获得准确的第一手材料，只有到现场去做深入细致的调查了解。生产现场管理是企业管理的重要组成部分，是企业管理素质的集中表现。通过现场管理的好坏，即可判断出企业的广大职员的素质和管理水平，产品质量的可信赖程度，企业可协作程度。而班组又是企业生产现场管理的前沿阵地，所

以,提高企业的班组生产现场管理水平是企业自身发展的需要。

现场最能反映出组员的思想动态。人是有感情、有思维的,一个人所做的不一定是他认为的最理想、最顺心的工作,如果他感到不称心,就可能因别扭而意气用事。这种情绪有意识或无意识地会在他的工作中表现出来,就会直接或间接地影响产品和生产效率。到了现场才能清楚地了解现场的实际情况,一个班组管理水平的高低,就看其现场管理是否为了完成总的经济目标而设定了各项阶段性和细化了的具体目标,是否很好地引导组员有组织、有计划地开展工作,经济合理地完成目标。

开展QCDS活动,班组长要重视以下几点。

第一,品质不仅要好(合格),更须稳定。品质好正是基本条件,精工细雕比较容易做到;但品质稳定,则依托于落实标准化。唯有贯彻设计标准、制程标准、作业标准,让每一百批产品中批批合格,每一批产品中件件合格,才能保证品质合格。

第二,交期不仅要准,更须大幅缩短。以快取胜的时代,交期减半,甚至更短,正是竞争要件,谁做得到即胜出,做不到则被淘汰。因此,必须由BTO(按照客户订单生产),转为CTD(先模组化计划量产,接单立即组装出货),才有生存空间。从业务、开发、采购、资材、品管、生产、后勤……确实检讨每一环节,用时都有大幅缩减的空间。

第三,成本不仅要低,更须有充分获利。该赚未赚即是赔,若所赚得的利润是牺牲研发、培训、环保、福利、扩充、纳税……是靠经济景气及运气,始终隐藏着危机,获取利润的一项重要保证便是削减成本。浪费无所不在,更需精打细算,养成节约习惯,可以在一定程度上降低成本。

第四,服务不仅要客户满意,更须提升档次。比如,生产中出现问题应及时与客户沟通;出现不合格产品时要做出妥当而快速的处理。

总之,班组长要加强对班组生产现场管理重要性的认识。现场是问题萌芽产生的场所。现场是企业活动的第一线，无论什么问题，都是直接来自现场，出现问题时如不及时采取对应的措施，任其发展，向着好的方面发展的概率要比向坏的方向发展的概率小得多。班组长现场作业时一旦发现有问题，应"即刻"前往"现场"，"即席"（当场）观察"事实"并"即刻"处理"现场"，从而切中问题要点并找出解决问题的方法。

6. 重视班组安全管理，及时处理隐患

我国的安全生产方针是"安全第一、预防为主、综合治理"。事故发生后组织开展抢险救灾，依法追究责任，深刻吸取教训，固然十分重要，但提前预防，排查事故隐患更有现实意义。班组作为企业最基层组织，是企业安全管理的前沿阵地，同时也是企业安全管理的出发点和落脚点。在企业里，绝大部分事故发生在班组。班组长对控制事故发生起着非常重要的作用。班组长只有细致检查，把问题和隐患发现在一线、解决在基层和现场，才能不断夯实安全精益化管理的基础。

安全生产是安全工作的起点。我们在想要从事任何生产活动时，安全问题都应当优先考虑，先把安全放在第一，先确认安全工作是不是做好了，才能开始生产。企业要发展、要效益，员工要高薪、要福利，家人要平安、要幸福，这都和安全密不可分。生命因安全而美丽，幸福因安全而长远。企业没有了安全，就会面临危险；丢掉了安全，就可能承受灾难。因此，安全管理要从细节抓起，把每件事做细致，培养一种注重细节安全

的行为习惯。

2011年9月26日，郑州客车车辆段安全员小杨的报告，犹如石击潭水，在职工中泛起了阵阵涟漪。

"有人问我，为什么能够在短短10天的时间里连续发现11起转向架裂纹故障，这里面有什么诀窍吗？我想和大家说，防止事故的诀窍就是重视细节，认真检查。"

2011年2月28日，小杨在对L1231次列车进行入库质量检查时，发现34722号车辆转向架有一道70毫米的裂纹。10天前，他在检查L238次列车时，也发现了一起转向架裂纹故障。

"这次发现的裂纹会不会在其他同类型的车上出现呢？我顿时感到了问题的严重性。我不敢有丝毫怠慢，迅速通过车间客车管理信息系统（KMIS）系统，调出了136辆同类型车辆，逐一排查。几天后，在排查的车辆中，我又找到了一处裂纹，和2月28日发现的一模一样。我感到既兴奋又紧张，兴奋的是终于找到了规律，缩小了检查范围；紧张的是一定还有没被发现的存在安全隐患的车辆在线路上运行……"报告时，紧张的神情再次回到了小杨的脸上。

经过10天的努力，小杨共发现11起相同的裂纹隐患。"作为安全员，我对这个隐患反应异常强烈。我想，这个隐患不是偶然的，我们段其他两个客技站也有同类型的车辆。我第一时间就打电话过去，向他们通报裂纹情况，告诉他们故障的部位和检查方法……"小杨说。在小杨的建议下，郑州客车车辆段对全段相同型号的客车进行了普查，先后发现了数起同类安全隐患。

在班组生产中，大部分的事故都源于安全隐患，就因为一时的疏失大意，最终成为不可挽回的祸端。无数事故分析证实，多一个隐患就多一分发生事故的危险。要找到并消除隐患，就要求每一位组员都要重视安全细节，练就一双洞察隐患的"火眼金睛"。班组安全工作要有超前思维，认真细致地检查工作中的每一个环节，发现安全隐患，及时处理，做到防微杜渐。这也正是"安全第一，预防为主"八字方针的具体体现，是班组安全工作的重心之所在。只有认真排查隐患，有效防范事故，才能把"安全第一"落到实处。

白国周，一名采掘班组长，总结出的班组管理法，却引起了党和国家领导人的重视，国家相关部门要求在全国同行中推广。白国周当班长22年来，他累计带领过的230名矿工和培养出的13名优秀班组长带领的班组，均未发生过任何工伤或安全事故。他在工作中总结出了概括为"六个三"的"白国周班组管理法"，具体内容为"三勤"（勤动脑、勤汇报、勤沟通）、"三细"（心细、安排工作细、抓工程质量细）、"三到位"（布置工作、检查工作、处理隐患到位）、"三不少"（班前检查、班中排查和班后复查不能少）、"三必谈"（对情绪不正常的工友、受到批评的工友必须谈心，每月召开一次谈心会）、"三提高"（提高安全意识、岗位技能和团队凝聚力）。为保障安全生产，各地不惜加大安全资金投入，上先进的采掘装备，上监控设施、报警设施。然而为何重特大事故仍时有发生呢？专家认为，现场管理薄弱是导致事故发生的重要原因之一。白国周就较好地把好现场管理关，做到了细化管理，一些煤矿没有把工作落实到班组和现场，没能真正做到对人员进行全过程、全方位的安全管理。

一次，白国周看到一名工友上班时精神疲惫，坚决要求他回家休息。工友很委屈，再上一个班就能完成当月上班指标，不然要损失六七百元钱。白国周说："再多的钱，也没有命重要！"把该员工给顶了回去。白国周说，矿井现场管理取决于细节，而细节决定生死。一次快下班时，他发现一根锚打得不合格，可现场没有短钎子，要到附近的三分队去借工具，一来一回要走一公里多，又是上山路，需要半个多小时。有人说，一根锚杆也坏不了多大的事，再说喷进去以后谁也看不到。"正是看不到才是事故隐患。"白国周坚定地说。他等返工后才升井。

白国周班组自觉做到了生产必须安全，不安全不能生产。坚持从严从细，自觉按章办事，一丝不苟，不放过任何违规违章行为，不放过作业现场的任何一个隐患和问题，做到了防患于未然，把事故消灭在萌芽状态。在安全管理工作中，班组长应该向白国周班组学习。班组长是生产的直接指挥者，是班组安全工作第一责任人，始终要能居安思危，防微杜渐，及时处理好不安全因素，避免事故的发生。

班组长要带领组员共同做好安全工作。班后要抓总结，亡羊补牢。班后针对作业中的问题分析原因，提高认识，防止再次发生。平时要加强对组员进行安全教育，让班组安全意识深入人心。班组长要利用间休时间，结合一些事故案例，引导组员讨论交流，让大家真正认识到问题，克服侥幸、冒险、麻痹心理，自觉养成遵章守纪的好习惯。

实施安全生产、文明施工的精益化管理，班组长应首先做到"认识到位、责任到位、制度到位"，以生产现场安全管理为中心、为重点，结合生产作业条件、环境和组员安全素质，以人为本，严格贯彻落实安全文明生产规章制度、工艺技术规程和劳动纪律，评估和辨识生产现场的不安全因素，杜绝违章指挥、违章作业。同时，班组要在生产现场和作业过程中及时做好各类有关安全生产、文明施工信息的收集、传递、分析、处理等工作，及时发现和处理生产现场中存在的安全事故隐患和危险因素、危险源。

　　隐患险于火灾、防范胜于救灾、责任重于泰山！班组长的安全管理工作尤为重要。要重视在实际工作中防范安全隐患，班组长一定要提升整个班组的安全隐患防范意识，让组员们从自身做起，自觉、积极地做好各种防范工作，确保全面防范，保障班组安全生产。

第七章

团结友善,营造和谐高效的班组文化

一流的班组应该是用文化来管理人。班组管理要重在以人为本,增强管理的向心力、凝聚力,激发人的热情和潜能,为组员施展才华、实现价值搭建舞台。班组是企业思想工作的前沿阵地,班组长重视班组文化建设,既可以使思想工作在班组中更有效地发挥作用,又可以使组员主人翁精神得到充分发挥。

1. 班组文化是企业和谐发展的原动力

企业文化是企业的灵魂,企业的班组文化是推动企业发展的不竭动力。它包含着非常丰富的内容,其核心是企业班组的精神和价值观。这里的价值观不是泛指企业管理中的各种文化现象,而是企业或企业班组中的员工在从事商品生产与经营中所持有的价值观念。

班组文化是企业班组的价值观、信念、仪式、符号、工作干劲、协作精神、语言特色等诸多因素组成的特有的文化形象。班组文化就是以班组为主体,在统一的企业文化理念指导下形成的基层文化,是一种精神上的认同,是企业文化的重要组成部分,是企业文化在基层落地的具体体现。

班组文化建设是企业文化建设的基础。班组管理工作应根据当前班组管理实际情况,以加强班组文化建设为着力点,将班组文化建设真正融入到班组的基础建设、安全建设、技能建设、创新建设及班组长队伍建设中来开展。

某公司年初提出了创建"一个和谐的大家庭""一所终身学习的大学校""一支能打硬仗的队伍"的"三个一"工程。每个班组长都要与组员共同努力落实公司的决策,将平时的工作与创建"三个一"班组的文化活动联系起来,让公司的大目标踏踏实实地"着陆"到自己这个具体的小班组。该公司自动化班组是一

第七章
团结友善，营造和谐高效的班组文化

个由六名组员组成的"小家庭"，班组长作为这个家的"当家人"，首先要做到"一心三硬三公"：即拥有一颗宽容关爱之心；思想作风过硬、组织协调能力过硬、生产技能过硬；为人处世公平、公正、公心。只有真正尊重、理解和真心实意地关心每一位组员，才能把一组人凝聚起来，让班组像一个家庭那样充满温情和信任。在班组这个"小家庭"里，为营造"团队讲齐心、工作讲细心、互助讲爱心、事事讲公心"的和谐氛围，班组长要坚持重真情，做到情理交融促和谐。坚持"三访"：对班组成员家有困难必访、红白喜事必访、生病必访。一次，新调入这个班组的小李婚假还没休完就来上班了。不巧几天后他岳父又因病住院做手术，让他心神不定。在这种情况下，班组长带领全班组成员抽出时间前往医院探视慰问，让新同事感受到了家庭般的温暖。

班组文化主要有精神文化、制度文化、行为文化和物质文化四个层次。其中，精神文化包括班组价值观、班组精神、班组哲学、班组伦理等班组意识形态方面的内容；制度文化包括班组的各项制度、规定、计划、标准、程序、方法等内容；行为文化是班组的工作作风、工作习惯、人际关系的动态反映；物质文化则是指班组的工作环境、设备和经营成果（产品）等物质形态的文化范畴。核心思想、核心策略、强势行动和产品形象是班组文化的四个核心要素，它们分别是班组精神文化、制度文化、行为文化和物质文化的精髓，四者相互结合，构成班组核心文化。班组核心文化四要素均蕴含着巨大的能量，分别引发思想力、策略力、行动力和形象力，四力合一，构成班组文化，对班组生产发挥重大作用。

一般而言，班组文化具有以下功能：一是导向作用；二是凝聚作用；三是激励作用；四规范作用（约束作用）；五是资源整合作用；六是辐射

作用。班组文化作为班组内部的心理氛围和精神风貌，对班组的建设与发展起着非比寻常的作用。因此，建立和谐的班组文化是班组长的重要使命。

某炼油厂仪表二车间多年来坚持"和谐产生凝聚，学习获得提高，竞争凸现活力"的班组建设理念，营造出了和谐向上的班组工作气氛。班组建设，文化先行。生产一班组的大部分组员家在外省市，组员平均年龄较低，思想不够稳定、人员流动性比较大。最初，部分来到一班组工作的组员对本组工作缺乏热情，工作积极性不高，有的抱着"当一天和尚撞一天钟"的想法混日子，这种消极心态曾给班组生产带来很大的负面影响。班组长任师傅发现这个问题后，主动找这些组员谈心，介绍公司未来的发展前景，并从关心他们的生活入手，帮助他们解决在工作和生活中遇到的困难，同时，利用业余时间组织开展各种娱乐活动，释放工作压力，到郊区旅游，在游玩过程中与他们谈理想、谈人生、谈未来发展，使他们真正懂得人生的意义与价值，并规划自己的职业发展道路。班组长任师傅还主动与他们的家长进行沟通，共同做思想工作，通过各种办法调动他们的工作热情及集体协作精神。经过努力，一班组组员心态更稳定，工作热情得到明显提升，凝聚力大大增强，工作效率也有了很大提高。

和谐文化是班组具有凝聚力、向心力和感召力的源泉，也是班组的精神内核。打造和谐班组是一种责任、一种能力，是加强班组文化建设的一个重要内容。提倡和谐、追求和谐、创建和谐班组，是现代企业班组的必然选择和价值取向；也是促进企业更好、更快地发展，从而实现企业愿景与规划的必然选择。和谐班组文化主要表现为三个方面的内容：一是内部的和谐。包括人员关系、组织协作、组织结构、生产实施过程、利益分配、人力资源的配置等各个方面都做到和谐。二是与外部利益相关者的和谐。包括与材料供应商、生产商、设备的供应、服务对象、客户等群体的关系。三是与外部环境的和谐。外部环境是指企业所处的地理、经济、政治、人文等方面的环境。

班组长在日常工作中要注意抓好自己班组的文化建设，创造一种宽松、和谐、生动、活泼的班组气氛。如果一个班组长期矛盾重重，内耗不止，那么班组就会离心离德，人心涣散，团结和谐也就无从谈起。和则两利，斗则两伤。一个充满矛盾的班组，是不会有战斗力、凝聚力和向心力的。在这样的班组中，组员之间关系冷淡，相互漠视；在工作上互相扯皮、拈轻怕重，苦活、重活、脏活、累活让别人干，自己则做最轻松的、最好干的；在别人有困难、需要有帮助时，站在一旁袖手旁观、漠不关心。遇着晋级、涨工资等涉及利害关系的事情时，则争先恐后、互不相让，唯恐让别人得了好处。甚至在有的班组中，组员之间相互敌视、背后中伤，弄得彼此之间矛盾重重，关系非常紧张。很显然，这样的班组是不符合和谐班组文化要求的，对实现企业的战略目标和长远发展也会有非常不利的影响。

2. 带头践行企业文化，创造愉快的班组氛围

企业文化是企业的核心竞争力，要进一步推动企业发展，要真正成为

一流企业，就是要借助企业文化强大的推动力。面对全球一体化进程加快的形势，企业迫切需要提高内部凝聚力和外部竞争力，从而谋求新形势下的发展。为实现这一目标，企业必须进行系统性变革，而变革的核心就是充分发挥企业文化的力量，提升企业的竞争能力，使企业立于不败之地。

一个国家，有着其他国家没有的国粹；一个民族，具备与其他民族不同的民族精神；作为个人，也有其与众不同的精神面貌。这样，国家才能繁荣昌盛，民族才能不衰，个人才能坚韧不拔。作为一个企业，它的精神支柱、它的灵魂就是"企业文化"。排名世界五百强的企业都非常重视和积极推行公司的企业文化。因此，班组长需要带头践行企业文化，创建优秀的班组文化，让企业文化在基层扎根，形成更坚实的文化土壤，具有更强大的推动力量。班组长要积极践行企业文化，用企业文化来熏陶组员、激励组员。班组文化建设应积极宣传人类一切优秀文化成果和科学技术知识，并注重班组文化活动场所建设，扎实开展班组社会主义、集体主义教育、学标兵等活动，以教育和引导班组成员形成崇尚科学、倡导文明、健康向上的生活情趣和良好的文化氛围为目的，增强班组成员爱企、爱岗的主人翁意识，自觉抵制杜绝极端个人主义、腐朽思想以及不良生活习惯的影响，从而营造出班组文化建设的良好的内外部环境。

在浙江慈溪市供电局所属的17个乡镇供电营业所里，龙山营业所是比较特殊的一个。2010年10月，该地区位置相邻的龙山、三北、范市三个供电营业所为了更好地利用资源，提高工作效率，正式合并组成拥有49名员工，管辖低压线路285.3千米，涉及低压供电用户近4万户的龙山营业所。三所合并，势必面临着工作重组、人员整合等一系列问题，但龙山营业所却在短时间内调整姿态，重新出发，前进的步伐越迈越大。其中，班组长们以身作则，起了很大作用。

班组作为一个集体，每位组员的个性不同，思维方式和行为方式也存在着差异。营销班成员黄侃杰坦言，三所合并之后，原先同一单位出来的组员之间难免会有小集体形成，大家相互并不了解，工作效率也会因为缺乏沟通而降低。但去年的一件事让所有班组成员从此拧成了一股绳。

当时正值慈溪地区进行新农村电网改造阶段，时间紧，任务重。在营销班班长陈伟星的带领下，黄侃杰和其他班组成员每天早出晚归地工作。一个偶然的机会，大家得知陈伟星家中正在盖房，整天与电打交道的他，自己新家中的电力线路却迟迟没有完工。陈伟星白天忙于农网改造，晚上不仅要把所里的事务带回家做，还经常骑着摩托车到老乡家中帮忙维修电器、整理线路，家中的事儿几乎一点也顾不上。

得知这个情况后，大家悄悄商定在休息日义务帮班长完成家里的电工活。"那一天在班长家中，大家干活特别起劲。10多个人一边干活，一边也聊开了。"黄侃杰说，虽然大家嘴上都没说，但都打心眼里觉得有这样一个好班长，大家没有理由再相互存有嫌隙，把班组建设和生产搞上去成为了大家一致努力的方向。

今年年初，综合组员的建议，龙山所向慈溪供电局申请购置了两个篮球筐安置在所里的空地上。"可别小看这两个篮筐，有了它们，组员们每天的'精气神'着实提高了不少。"所长沈立群觉得这件事真正是为组员办到了实处。"你看，那块新开辟的绿色园地，里面的树苗还都是我们集体捐资购买的呢。"

每天的篮球赛让组员们的团结合作精神愈加发挥，自然而然也带到了日常的工作与学习中。休息的时间，除了组织篮球友谊赛，班组成员之间还相互交流，学习专业技能。运行班的邹善国师傅从事电力工作已经25年了，他丰富的工作经验让众多新进组员"慕名"前来请教，邹师傅自己也从与大家的沟通中学到了工作的新精神、新指示。休息时间，经常能看到各个不同班组的成员之间相互交流心得，学习时事。

建设一流的企业文化需要全体成员参与，各尽其责、共同努力、不懈坚持，才能扎实推进、水到渠成。在企业文化建设过程中，班组长的角色由于其所处的特殊位置显得至关重要。只有充分发挥班组长的作用，企业文化建设的任务落实才能得到有效保证，企业文化的建设才会有保障。因此，在企业文化的建设中，班组长要充分发挥人才作用，尽量做到人尽其才，使每一位组员都能有展现自我的机会，在班组这个"大家庭"中感受到团队的凝聚力和向心力。

优秀的企业文化为员工提供了健康向上、陶冶情操、愉悦身心的精神食粮，能营造出和谐的人际关系与高尚的人文环境。员工在有着良好企业文化的环境下工作，在本职岗位上各尽其能，积极进取，这样就能形成一个风气正、人心齐、奋发向上、生动活泼的局面，有了这样高素质员工队伍的企业，更能适应日益变化的新经济形势，使企业发展壮大起来。因此，在践行文化建设活动中，班组长需要加强团队内部和谐，引导组员以一种宽容博大的情怀对待他人、积极工作。如果每个组员都能在自己的岗位上当好一名合格的士兵，每个班组长都能当好"火车头"的角色，企业就一定能飞速前进，日益兴旺。

3. 建立班组安全文化，抓好安全生产和文明生产

安全文化是企业安全工作的灵魂，也是企业实现安全的强力支撑。班组是企业完成任务的实体，是保证安全的基础，也是孕育企业安全文化的细胞。班组安全文化建设是企业文化建设的重要组成部分，是搞好班组管理的思想基础和动力源泉。因此，要营造良好的班组安全氛围就要打造有特色的班组安全文化，抓好安全生产和文明生产。

班组安全文化是安全源头、管理的灵魂。坚持以班组活动为载体，开展内容丰富、形式多样的安全文化宣传教育活动，能够不断增强班组成员安全意识，确保安全生产。班组是企业最小最活跃的单元，是安全管理工作的落脚点。班组作为企业的神经末梢，是保证安全的基础，同时也是孕育企业安全文化的细胞，在安全文化建设中发挥着巨大的作用。实践证明，班组建设需要安全文化，安全文化也只有与班组建设的实践相结合，才能充满生机和活力。

不过，班组安全文化建设不是一劳永逸的事情，而是一个动态的过程，它受组员的文化水平、素质的制约和影响，在不同的时期要采取不同的方式，与时俱进、创新发展、不断丰富其内涵，为企业的安全生产提供动力源泉。

老虎台矿是一座有着百年开采历史的国有大型煤矿，现有生

产班组528个。近年来,老虎台矿坚持安全管理工作重心下移,关口前移,下大力气抓班组安全文化建设工作,走出了一条文化引领安全、人与企业共同发展的成功之路。为教育和引导班组成员牢固树立安全第一的思想,增强积极主动做好安全工作的自觉性,老虎台矿充分发挥工会组织宣传教育的职能作用,大力开展了一系列安全文化教育活动。

一是大力开展安全理念教育。先后开展了"平安幸福你我他,虎矿安全靠大家""虎矿是我家,幸福生活全靠她"和"平安是福、安全是钱"的安全理念教育活动。特别是在全矿班组成员中开展了"平安是福、安全是钱"的大讨论,逐步把全矿班组成员的安全观念引领到"安全是生命、安全是幸福、安全是效益、安全是钱"的现实轨道上来,把安全生产与组员的利益紧紧地联系在一起,从而增强了组员我要安全、自主保安的自觉性。

二是大力开展情感教育。为使组员认识到安全工作的重要意义,认识个人做到安全生产对企业、对家庭的重要性,老虎台矿以不同形式开展了情感教育活动。矿工会在全矿班组成员中开展了"你是家中的梁、你是父母的心、你是妻子的天、你是儿女的山"的情感式安全教育活动,利用班前会开展讨论,使广大组员的心灵受到了震撼,深刻认识到做好安全工作是企业生存发展的需要,更是家庭幸福的需要。

三是大力开展安全文化教育。作为集团公司安全文化的示范单位,几年来,老虎台矿不断创新,形成了一套安全文化建设的做法,打造了具有虎矿特色的安全文化。比如:

唱安全歌、背安全誓词。从2004年开始,老虎台矿唱起了安全歌,《班组哥们亲兄弟》《平安是福、安全是钱》《集团公司安全之歌》等歌曲在全矿的班前会上响起，成为安全教育的大亮点。"平安幸福你我他，虎矿安全靠大家，平安虎矿是我家，幸福生活全靠她，为了生命，为了亲人，为了生活，我保证做到：天天无三违，天天无事故，天天安全平安"的安全誓词激励着全矿员工安全生产。

学习"四本书"，安全文化进班组。集团公司工会加强班组安全文化建设，编写下发了四本安全文化系列丛书，按照公司工会的要求，结合老虎台矿实际，开展了学习"四本书"，安全文化进班组活动。一是在班前会上广泛开展学习"四本书"活动，通过问答考试等学习形式，使广大班组成员对安全理念、安全文化的深刻内涵有了明确的认识。二是开展了安全文化进区队、进班组、进社区、进家庭活动。对安全重点人开展帮教活动，签订由区队领导、社区干部、家属积极分子、安全重点人家属参加的"安全四联保"协议书，定期到安全重点人家中走访，找安全重点人谈话，使安全重点人的思想得到了转化，安全行为得到了规范，活动开展以来，安全重点人转化率达到100%，没有违章违纪问题的发生。

发挥"两道防线"作用，靠亲情感染组员。老虎台矿坚持发挥矿"两道防线"的作用，取得了极好的教育效果。有四位退休老大妈长年活动在井口和组员班前会上，她们自编自演的天津快书、三句半等安全嘱托节目深受组员的欢迎。组员们说：不做好安全工作真对不起老大妈的一片真情。矿工会女工委员会经常组织女工和家属深入井口和班前会开展安全嘱托和服务慰问活动，为升入井的员工缝补工作服、钉纽扣、送茶水、送水果，成为老虎台矿安全教育的一大亮点。

四是大力开展班组长安全教育。班组长是兵头将尾，更是安全生产的组织者，安全工作的好与坏、成与败，班组长是关键。老虎台矿对班组长的教育管理工作非常重视，把班组长队伍建设纳入重要日程。举办脱产培训班，对全矿600余名班组长进行安全文化、安全技能培训，提高了班组长的综合素质。开展的"看待遇、讲良心、尽职责、做贡献"大讨论活动，增强了广大班组长爱岗敬业、尽职尽责的责任心、事业感；开展的班组长"戴标志、树形象、保安全、做贡献"戴牌上岗活动，约束了班组长的行为，增强了班组长的使命感；举行的班组长"响应党政号召，带头严细管理"教育大会和"不负党政重托，时刻把住安全，不负亲人期盼，分秒尽职尽责"的宣誓承诺仪式，对广大班组长起到了激励促进、鼓舞鞭策的作用。

在当前市场经济日趋成熟、经济全球化日益明显的大背景下，优良的班组安全文化对于班组安全生产的作用越来越大。班组长对此要有充分的认识，学会营造优良的班组安全文化，以适应形势发展的要求。营造优良的班组安全文化，班组长首先要正确认识班组安全文化的积极作用，从而树立科学的班组安全文化态度。

优良的班组安全文化能够在班组集体内产生一种尊重人、关心人、培养人的良好氛围，产生一种精神振奋、朝气蓬勃、开拓进取的良好风气，激发班组成员的安全工作热情，从而形成一种强有力的安全工作激励环境和激励机制。这种环境和机制在某种程度上胜过行政指挥和命令，可以有效地解决班组安全生产目标与个人目标的分歧、班组长与组员之间的矛盾。具体来讲，优良的班组安全文化对班组安全管理工作具有以下几个方面的作用。

（1）安全规范作用

一个班组的安全规章制度对成员构成了硬约束，而安全道德、安全信念和安全风气则对成员构成了软约束。这种软约束以群体安全价值观作为基础，一旦在班组成员心理深层形成一种定式，只要班组层面上诱导信号发生，即可得到积极的响应，并迅速转化为预期的行为。它可以缓解硬约束对成员心理的冲击，减弱由此引起的逆反心理，从而使班组成员的安全行为趋于和谐、一致。

（2）安全凝聚作用

文化具有极强的凝聚力量。班组安全文化是班组成员的黏合剂，可以把班组各个方面、各个层次的人都团结在班组安全生产目标的旗帜下，使成员的安全思想、感情和命运与班组的命运紧密联系起来，激发个人产生深刻的认同感，使个人与班组、企业同甘苦、共命运。

（3）安全激励作用

班组安全文化的核心是确定班组内部的安全价值观念，在这种群体安全价值观指导下发生的一切行为，又都是班组所期望的行为，这就带来了班组安全利益和组员安全行为的一致，班组安全目标与组员安全目标的结合。在物质需要获得满足的同时，班组内部崇高的群体安全价值观所带来的集体安全成就感和安全荣誉感，能够使班组成员的安全精神需要获得满足，从而产生深刻持久的安全激励作用。

总之，安全文化应该说是安全管理的灵魂。安全文化的作用是不断提高人的安全素质，提升其安全意识，改变不安全行为，从而使人们从被动地服从安全管理制度，转变成自觉主动地按安全要求采取行动。因此，班组长不仅要认识到班组安全文化的重要性，更重要的是还要学会营造优良的班组安全文化。

4. 以和为贵，妥善处理班组内部冲突

班组作为一个"小家庭"，各种思想意识、传统观念都会渗透到班组，这就要求班组长用企业文化引导班组成员，增强班组成员的文化素养，使班组这个细胞永葆青春活力。因此，如何处理好班组成员之间的关系，尽可能地减少矛盾和冲突，是班组长在班组文化建设活动中要面对的一个重要问题。要做好班组文化建设，班组长作为最基层的管理者显得尤为重要。班组长要以和为贵，协调各种矛盾，妥善处理班组内部冲突。

某公司车间多个班组共有60多名组员，在日常的工作中，少数组员与一些班组长之间难免有些摩擦，有时候，也会因问题没有得到及时的协调和处理而使积怨渐深。有人就想通过私下通融、调岗来躲开合不来的人。这虽然是个别现象，却给安全生产带来极大的隐患。

为了从根本上消除和解决这种班组内耗，车间决定按照组员的提议试行双向选择：各班组愿意调动的组员可以向车间提出书面报告，车间将针对报告要求和实际情况，酌情进行双向协调、合理分配。此办法一出台，立刻在组员中引起了强烈反响。按照事先所作的调查和估计，车间干部估计至少能收到两三份请调报告，并初步拟定了调整方案。可没想到，到了规定的最后期限，

第七章
团结友善，营造和谐高效的班组文化

竟没人提出申请。是组员对车间不信任，还是另有原因呢？车间领导开始调查原因。

二组的姚师傅因为在一次休息时，与班组长小李开玩笑过了头，结果两人吵了一架，在近三个月的时间里两人互不理睬，成为了大伙儿眼中的"死对头"。车间试行双选办法后，姚师傅也的确动了心，然而就在他准备打报告时，没想到班组长小李在一次班组管理民主生活会中，竟当着大伙儿的面主动向他诚恳道歉。班组长如此高姿态，让姚师傅觉得有些不好意思，于是，他也坦率承认了自己性格过激、容易把生活中的不良情绪带到工作中去的毛病。在大伙儿的鼓励下，两人冰释前嫌，握手言和，姚师傅也彻底打消了"走人"的念头。

其实，这事还是受双选的触动。因为无论班组长还是组员，谁也不愿意被对方"炒鱿鱼"，都觉得那样对双方影响不好。大家开始尝试着改变自己。于是，以往的班组内耗仿佛一夜间悄然而逝，看似失败的双选过了没几天，检查监控车间各班组就有了明显变化：工作中讨价还价的组员少了，为班组管理出谋划策的组员多了；打牌赌博的组员少了，学技练功的组员多了；以往个别班组长处事不公、拿考勤送人情的现象也销声匿迹，安排工作没商量的硬派做法变成了细致入微的亲情管理；大家严格按照各项规章制度标准化作业，管理松懈违章违纪现象日渐减少，班组溢满了愉快的笑声。

中华民族的传统就是"万事以和为贵"，但现实中总会存在各种各样的矛盾和冲突，这就需要班组长因势利导地处理和化解冲突。作为班组长，必须善于团结班组人员。在化解班组矛盾的过程中，班组长要以大局为重，多方面了解大家的想法，全方位地思考问题，协调好分歧双方的关系，最后有效地化解分歧，使大家目标、行动保持一致。一般来说，班组矛盾的产生必有因由，通常矛盾的双方都认为自己有道理，对方则"太过分"。这种情况通常与误会有关，正所谓"疑心生暗鬼，眼偏影自斜"。双方都戴着有色眼镜看对方，这时双方都觉得心理很难受，希望班组长能为自己说话。处理这类矛盾时，班组长要注意设身处地，以降低当事人内心的愤怨情绪和抗拒心理，尽量创造一个平和的谈话环境，抓住"误解"这个关键，解开矛盾之"结"。很多时候，其实冲突双方都站在矛盾解决的边缘，都明白自己的过失与不对，都发自内心地想缓和双方的矛盾，只是碍于面子，双方都不愿主动"低头"认错。这时候，班组长若能用心观察，设身处地地为组员着想，抓住双方的心理弱点，问题很容易得到解决。

需要指出的是，无论处理什么样的冲突，在调和的时候，对冲突双方一定要公正，不能有偏袒。偏袒只会使冲突激化，而且还可能产生冲突移位，使人际矛盾扩大，冲突趋于复杂。有些班组长在处理组员矛盾时，总是习惯用各打五十板，再要双方表个"态"轻轻"抹"过去。实际上，这样做问题并没有解决，反而会使当事双方都产生抱怨。"凡事各打五十板"的处事方法从表面上看似乎已做到"绝对"的公平与公正，消除了不公与误会，而实际上这是最马虎、最不公平的处事方法，也会抹杀组员的积极性，从某种意义上讲是不负责任的表现。因此，处理班组矛盾，作为班组长，要有公正的心理，热情的态度，严谨的作风，做到民主、公开、公正、透明，一碗水端平。

处理班组矛盾时，班组长可以参考以下处理班组内部冲突的原则。

第一，凡事都讲求对事不对人。冲突一旦发生，很容易让人头脑发热、情绪激动，在这种情况下，作为班组长要及时调节双方的情绪，让双方明白班组目标的实现需要的是大家的共同努力,而不应该把个人的情绪带入工作当中。

第二,保持开放的心态。冲突双方一旦产生了矛盾,就很容易用有色眼镜看待对方的所有问题,这时,作为班组长就要设法让双方消除成见,用一种开放的心态去看待与之发生冲突的人,倾听对方的意见,公正地看待彼此,只有这样才能朝着同一个目标前进。

第三,致力于解决问题。一旦冲突产生后,如果暂时无法化解,这时班组长就一定要让双方先放下个人的矛盾,以大局为重,先解决当前最重要的问题,倘若这样双方还是无法共事,那么班组长就应该要考虑更换人员来达到化解冲突的目的。

第四,换个角度看问题。人们在发生冲突时往往会倾向于极端化,作为班组长在遇到这种情况时就要尝试着让双方当事人从多角度、多方位去考虑问题,加以解决。

第五,保持公平和公正。班组长在组员之间发生冲突时一定要公正公平地对待每一方,不能有任何偏袒。因为如果班组长看起来明显偏袒一方,不仅不利于冲突的化解,反而会激化矛盾,从而产生新的冲突,使得矛盾解决起来更加困难。

总之,班组长应不回避矛盾,不转移矛盾;正确认识矛盾,主动化解矛盾;公平公正,真诚宽容。做到了这些,班组中的矛盾自然而然就会减少,班组文化也会因此变得更加和谐。

5. 开展班组文化活动，增强班组特色

优秀的班组文化，必须要有好的表现形式才能更好地将精神层面的东西具体体现在实际工作中。要创建特色班组文化，作为"头领"的班组长的作用非常重要。班组管理的特色文化是现代企业管理的发展趋势，其要义就在于，通过充分尊重人、理解人、信任人、帮助人、培养人，不断激发广大组员的主观能动性，最终创造出高效优质的服务和价值。因此，班组文化建设有利于激活班组活力，提升班组"文化力"和班组绩效。班组长要全面培育班组文化，营造和谐进步的良好氛围，使班组的安全生产、现场管理等工作取得进步，从而达到促进企业稳步发展的目的。

某供电公司不断创新班组管理模式，把班组特色文化融入到班组成员的思想里、落实到行动中，激发班组成员创优争先意识，全面提升了班组管理水平。为增强班组成员荣誉感、责任感，提升班组凝聚力，这家供电公司在深入开展星级班组创建活动中，紧紧围绕班组文化建设，积极探索基层班组文化创建与实践的新方法，他们打破传统班组管理模式，在坚持标准化班组创建的基础上，提出"不同专业班组各具班组文化特色"的管理创新理念，要求每个班组根据自身班组专业的特点，为组员打造学习的园地、工作的舞台、情感的港湾、成长的平台。比如该公司

第七章
团结友善，营造和谐高效的班组文化

抓住大海做文章，挖掘了"海韵文化"，全力打造了三个"海"系列班组，将传统意义的营业班、抄表班、运维班分别命名为"海螺班""海鸥班""海燕班"，并形成独具特色的班组文化。

"争做一朵最美的浪花"写在这家供电公司的班组文化墙中，这句誓言展现在眼前，使人耳目一新。"文化墙"除了班组介绍、班规班约、班组格言、班组文化理念等内容外，还开设了"班组班务公开栏"，每月及时更新班组创建特色主题，并署上班组名称、写下班组精神，形成了诸如"工作手册""员工风采""文化生活""党员创先争优"等系列催人奋进的特色栏目，使基层班组成员既拥有了新的交流平台，又可以及时了解班组当前信息。"文化墙"创建以来，基层班组广泛开展团队合作活动，形成了组员互助、团结奋进的观念，尤其是在班组长带领下，全班的大局观念和服务意识明显得到了加强，班组凝聚力日益增强。

班组文化建设是推进企业工作的突破口，坚持培育特色的班组文化，能有效提高班组的执行力、服从力、创新力和向心力。因此，班组长做好班组文化创建工作，就是践行企业文化的体现，也是最有效地为企业文化的建设贡献力量的方式。

班组文化建设应该与企业的总体发展战略目标保持一致，服从于企业发展战略目标。以"人本管理"思想为指导，服务是宗旨，安全是基础，管理是重点，科技创新是灵魂，经济效益是中心，全面落实科学发展观，建设企业一流、领先的班组。班组长应发动全体班组成员，通过开展各项班组文化建设活动，总结和提炼班组在长期生产经营实践中所形成的价值观念，并大力培养和发扬体现行业特征的优秀班组精神。

邯郸站货运丙班，给人感受最深的是浓厚的文化氛围。班里决定的大事小情，组员都有权力发表看法提出意见，营造出了和谐的工作氛围，凝聚出了较强的向心力。在班组管理上，班组长任现峰注意与组员的沟通，使大家目标一致，将大家的认识统一到搞好安全生产上来；他注意树立公平、诚信的形象，赢得了组员的尊重；他注意团结帮助组员，激发出了组员的积极性和责任心。这些优良的品质在实际工作中都得到很好的体现。工作中他能够以身作则，严于律己，善于学习，具有较全面的专业理论知识，他积极做好班组成员的思想工作，与班组成员相处融洽，他在班组管理上用公心，日常工作中讲细心，对组员生活常关心。他用自己的人格魅力，很好地书写了"公"和"平"、"情"和"理"，以及沟通、尊重、责任之间的关系，赢得了班组成员的信任。俗语说，火车跑得快，全凭车头带。有了这样一位负责任的班组长，就为班组文化的建设打下了坚实基础。

班组文化建设必须结合实际，依据班组的特点，确立服务、管理、安全、质量等理念，才能形成具有班组特色的理念体系。在实际工作中，开展班组文化活动，班组长不仅仅要管理好班组安全生产工作，更主要的是形成班组和谐的氛围和机制，提高班组成员的综合素质和专业技术水平，使班组成员意识到班组文化对于个人与班组工作的意义。所以，班组文化建设要关心组员生活，重视班组生产环境的建设。坚持文明作业、文明生产，保持优良秩序，创造良好的班组环境，确保搞好班组优质生产。

6. 进行班组廉洁文化教育，创建廉洁班组

廉洁文化作为企业文化的有机组成部分，也是企业精神文明建设的重要组成部分，是党风廉政建设和企业文化建设相结合的产物。廉洁文化除了具有一般文化所具有的导向功能和激励功能以及开放性、阶段性和发展性之外，其最大的特点就是它的先进性。也就是说，廉洁文化具有先进文化的特质，反映了先进文化的价值取向，其根本目的就是要在企业、行业和全社会形成"以廉洁从业为荣、以贪污腐败为耻"的廉洁氛围，形成"不能贪"的约束机制，"不敢贪"的思想基础，"不愿贪"的文化氛围。在班组管理上，加强班组廉洁文化建设，是一项形成廉洁意识、惩治和预防腐败的重要的基础性工作。

廉洁文化具有渗透力和教育功能，能促使组员形成良好的思想品德，树立正确的世界观、人生观、价值观、利益观，筑起思想道德防线。廉洁文化以鲜明的态度批判腐朽文化，建立坚定的理想信念、远大的目标追求，塑造高尚的道德情操，对组员确立反腐倡廉的思想观念起着潜移默化的熏陶作用和感召作用。因此，班组长要积极做好宣传教育工作，充分利用各种宣传手段和方式，对企业的廉洁文化核心理念和推进企业廉洁文化建设的意义进行宣传，营造浓郁的氛围，使班组成员获得对企业廉洁文化建设的认同感。

"看好自己的门，管好自己的人"是廉洁班组建设的基本要求，班组长在这项活动中负有重要职责。近日，某供电公司启动廉洁班组创建活动，把廉洁从业的要求延伸到每一个基层班组，公司上下形成了风清气正、干事干净的浓厚氛围。

近年来，该供电公司高度重视党风廉政建设，扎实开展了廉洁文化"四进"活动，把廉洁从业的触角延伸到每一个工作岗位，他们结合不同的岗位特点，通过网络调查等方式，先后组织开展了十大风险岗位和十大风险领域排查。通过调查发现，基层班组成为廉洁风险防范的薄弱环节，为此，公司启动了廉洁班组创建活动，针对每一个风险岗位和风险领域制订了防范措施和《廉洁班组建设活动考核评价标准》，并将考评结果纳入到绩效考核中。每年十月底前，由公司纪委组织，从责任制落实、廉洁教育、制度建设、遵章守纪、监督和工作、行风建设、班务公开、组员测评八个方面对班组进行考评，按照得分评出当年"廉洁班组建设达标班组"和"先进班组"。为增强廉洁班组考评的真实性，公司纪委还组织组员对班组年度廉洁情况进行测评，以无记名的形式对本班组和班组长的廉洁情况进行评价，评价满意度结果纳入到考评中。

在整个创建活动中，公司坚持以教育引领，以制度作保证，进一步强化了监督和风险排查工作。他们积极倡导"干事干净"的廉洁从业理念，严格实施班组长述职述廉制度、班组成员廉洁承诺制度、班组成员廉政谈话制度，层层签订廉政建设责任状。定期组织廉洁警示教育，同时还结合班组特点，采取"上桌面、上台面、上墙面、上网面"等多种形式，展开形式多样化、内容丰富多彩的廉洁文化宣传教育活动。健全了班组管理制度，把廉洁从业行为规范要求融入到每个人的岗位职责中，规范了每个岗位组员从业行为，使内控管理更加科学、源头治理工作更加扎实。为增强班组管理的透明度，公司还制订了班务公开规定，利用"班务公开"栏目，把与组员利益密切相关的事项进行公开，班组内党员参与讨论，充分保障组员的知情权、参与权和监督权，以提高民主决策的公正性和透明度。

为加强对班组管理的监督，公司还积极探索内外监督机制。在内部监督上，每个班组都建立了班组民主监督小组，实行班组成员季度集体廉政谈话制度，凡本班组修订规章制度、先进评比、奖金考评、经济分配等事务，须经班委和民主监督小组联席集体研究确定。有效的监督措施，让全体组员置于社会监督和企业内部的有效管理之中，班组成员的廉洁自律意识和廉洁从业意识进一步增强。

"廉洁文化也是生产力，廉洁文化也是号召力"，廉洁文化要明确制度设计理念，围绕教育、管理、监督的各个环节，把廉洁文化工作渗透到人、财、物、事各项具体工作中去，坚持重大决策集体讨论，完善议事规则，构建好科学合理的预防体系，从而在企业内部形成一整套科学的行为准则。特别是在企业廉洁文化建设初始阶段，人们认识还不能完全到位的情况下，这一点显得尤为重要。

近日，四平某公司不断深化廉洁文化深入班组建设工作，充分发挥廉洁文化在班组建设中的教育、示范作用。一是坚持"以人为本"深入开展班组廉洁文化建设，进一步强化组员责任意识、优质服务意识、大局意识，不断提高优质服务水平。二是严肃"三公"调度工作纪律，建立责任制，并严格监督检查，并聘请"三公"调度监督员，建立完善的外部调度监督机制，内强素质、外塑形象，认真做好"四个服务"工作。三是充分发挥党员模范带头作用，带领周围群众深入学习，全面落实廉洁从业理念，培养组员清正廉洁意识和遵纪守法意识。四是扎实打造班组廉洁文化建设阵地，切实到位做好廉洁教育进班组、廉洁文化活动进班组、廉洁谈话进班组、廉洁监督进班组、廉洁考核进班组工作。把廉洁教育作为基础，采取廉洁漫画、短信、格言警句等组员喜闻乐见的"五有"文化活动方式开展各项活动，积极在中心各层次间开展廉洁谈话，了解基层班组需求和意见，实现廉洁监督、考核进班组，全面提高组员廉洁从业能力，最终实现廉洁文化与企业管理的深度融合统一。

廉洁文化建设是一种预防性教育、提前性教育，更加注重道德与意识的培养，通过情感的引导与价值观念的熏陶，调动人们的主观能动性与创造性，促进廉洁文化内化为人们的道德心理品质，从而培养廉洁人格。廉洁从业，按章办事、规范操作，将随着廉洁班组活动的深入开展，必将成为组员的自觉行为。因此，廉洁文化进班组活动，不仅规范了组员的行为，同时对班组建设管理起到了规范的作用。

第八章

重视学习，不断提升班组人才素质

"学习是前进的基础"，选择学习就是选择进步。班组是企业培育员工、培养人才的最重要阵地，是提升企业管理水平、构建和谐企业的落脚点。在班组树立全员学习理念，搞好班组学习，是提高班组成员素质的有效途径。只有把班组这一企业中最基本单位打造成学习型班组，才能成功创建学习型企业，企业也才能真正实现和谐发展、科学发展和可持续性发展。

1. 创建学习型班组，推动企业发展

学习是不断提高自己的基本方法。在班组管理上，创建学习型班组能使组员、班组与企业共同进步、成长、发展，不断创造持续的成功。所谓学习型班组，就是以学习型组织理论等当今前沿管理理论为指导，养成"善于通过学习解决问题"的习惯，具有"善于通过学习解决问题"的能力的班组。学习型班组通过创造性学习、终身学习、全员全过程学习、向失败学习、团体学习等方式，使工作学习化、学习工作化，使学习和工作成为不可分割的一个整体。

创建学习型班组，首先要认真了解学习型组织理论，领会其真谛，掌握其要领。因此，在创建学习型班组过程中，一定要认真学习和深刻领会学习型组织理论，掌握学习型组织理论的主要内容及其本质联系。只有这样，才能在创建过程中少走弯路，减少挫折。

创建学习型班组要坚持与本单位的实际相结合。学习型组织理论虽然本身就是在实践中总结出来的一种现代管理理论，或者说是一种新的管理理念，但用发展的观点看，最好的理论也需要在实践中不断完善和发展。再者，每个企业都有各自的特点，就是同一行业的企业，情况也各有差异。班组也是如此，每个班组都有各自的专长与特质，因此，在创建中既要努力运用正确的理论作指导，更要尽量避免脱离实际，生搬硬套。要紧密结合本企业的实际，灵活、创造性地学习运用学习型组织理论，有针对

性地创建，重在实效。

河北某公司仪表班大力开展创建学习型班组活动。仪表专业是一个技术跳跃性大、更新快、飞速发展且与现代信息技术紧密关联的高技术行业，不断更新知识是从事仪表工作的组员干好本职工作的前提和基础。随着仪表班先进设备的投产，需要班组成员不断加强学习，以适应不断变化的市场。为了使班组成员的技能操作水平能够得到相应的提高，仪表班今年派出仪表工到北京专业部门进行主要设备的操作维护及原理培训，增强了组员学习的针对性和时效性，使相关人员能做到懂原理、懂操作和懂维护，提高了业务技术素质和岗位操作技能。由于仪表班承担国家干线仪表维护任务，责任重大且科技含量高，因此为适应新科技的发展，仪表班根据"科技兴站，素质先行"的培训思路，结合班组实际情况，制订了班组成员培训计划。由班组长为学习带头人，利用周三下午组织仪表班人员培训学习，采取每人轮流备课讲课的方式，针对工作中遇到的疑难问题大家一起研讨、解决。这种做法充分激发了组员学习的自觉性、积极性和创造性，形成了自主学习、终身学习的新型学习理念，形成了学习型班组的风气。

学习型班组注重全员的学习力、创造力、创新力和自我超越能力持续不断地提高。学习型班组创建是以班组基本素质为基础，要立足于班组基本素质的提升；以班组管理素质为前提，要努力把班组的管理搞上去。因此，创建学习型班组要坚持有序开展，稳步推进。创建学习型班组不是一项突击性的工作，要根据实际情况逐步推进。创建学习型班组，班组长要重视以下几点。

第一，深化班组成员对学习的理解，提高对学习的认识，鼓励学习的行为，形成良好的学习氛围。

第二，建立共同愿景。建立共同愿景对创建学习型班组是至关重要的，它为学习提供焦点和能量。所谓"共同愿景"，就是所有成员的共同愿望、理想或目标，并且这种愿望、理想或目标表现为具体生动的景象。一个组织一旦建立起共同愿景，就将激发出极大的勇气，孕育无限的创造力，形成强大的驱动力。

第三，订好创建规划。创建学习型组织活动不是今天创建明天就能成功的，它是一项循序渐进的活动，需要一个探索前进的过程。正如有关专家指出的那样，永远不能说自己所在的班组、企业已经是学习型组织了，只有不断地创建、不断地创新、不断地提高，在系统的修炼中循序渐进，才能保持创建的正确方向，使创建活动不断向更高层面提升。因此，为了保证创建活动有序进行，就有必要在建立班组共同愿景的基础上，制订一个与企业创建学习型组织相协调的、切实可行的创建规划。

第四，发挥典型的示范效应。榜样的力量是无穷的。在创建活动中，要注意培养和发现创建学习型班组的典型，总结推广他们的经验，更有效地把学习行为转化为创新行为，推进基层班组向学习型班组迈进。

第五，建立激励约束机制。创建学习型班组，必须建立一套激励约束机制来对创建工作实施一系列的跟踪服务和引导工作。激励和约束，是事物矛盾的两个方面，缺一不可。针对实际，采取不同的、适度的机制性激励和约束措施，规范个人和班组的行为，是保证班组成员积极参与班组学习活动、促使创建学习型班组活动不断向纵深发展并取得较好效果的重要环节。

总之，在创建学习型班组中，班组长作为班组的领头人，首先要身体力行，率先垂范。班组长要创造一个使班组成员能尽责职尽工作的环境，为成员创造更深入学习的机会，激励并帮助成员不断学习，同心协力共同创建学习型班组，并根据本班组生产经营建设的目标，创造性地运用知识，解决班组实际问题，推动企业不断发展。

2. 不断学习，提升班组长的管理能力

现代职场中，学习的能力已成为重要的才能之一，成为班组长提升班组管理能力最可靠的本领。班组长的素质和能力直接决定班组建设的成效，从而决定着企业的发展战略、管理思想和管理目标在班组中的落实程度，进而影响企业效益能否实现，影响企业文化建设和传承。为此，做一名学习型班组长，提升班组长的基本素质和职业道德，提高班组长的管理水平，增强班组长的责任感，对班组建设和企业发展至关重要。

小王和大刘同在一家公司任班组长。一个同事被晋升为部门经理，两人很不服气，他们平时和这个同事关系不怎么好。几天后，小王对大刘说要离开这个公司。

大刘感到很突然，问："为什么？"

小王说："我恨那个部门经理，整天指手画脚，让我受不了。你呢，走不走？"

大刘说："我哪儿都不去，也不赞成你现在离开，部门经理

是有缺点，但是我们现在离开，还不是最好的时机，对我们也不利。"

小王不解地问："为什么？"

大刘说："我要看他是如何成为公司独当一面的人物，向他学习。"

小王觉得大刘说得在理，但是他还是忍受不了现在这个局面，最终离开了公司。后来大刘一边努力工作，一边留意经理的工作方式、处世方法，暗自向他学习。结果经过半年多的努力学习后，他带的班组有了许多的经验和忠实客户。等他再见到小王时，告诉小王，经理跟他长谈过，准备升他做总经理助理，他不想离开公司了。如果大刘当初和小王一样离开公司，那日后也就没有升职的机会了。他的升迁全凭着向别人学习。

一个愿意通过学习来提升自己能力的人，最终会获得职位上的升迁和事业上的成功。学习是不断提高自己的基本方法，只有通过学习才能更好地为企业服务。学习的目的不是为了追求高学历，而是不断提高自己的能力，提高自己为企业服务的能力。作为学习型班组长，必须具备一定的知识，掌握一定的技能。还必须保持随时随地学习的习惯，因为不学习就要落后，没有创新意识，不掌握创新知识，很快就会被淘汰。

这是一个终身学习的时代，任何人都不可能在学习方面一劳永逸，止步于已有的知识和技能。班组长作为企业的基层管理者更要具备终身学习的意识和能力。学习犹如逆水行舟，不进则退。有不少步入社会走上工作岗位的年轻人，错误地以为已经工作了，不需要像学生时代那样努力学习了。这其实是错误的观念，无论你能力多么出众，表现多么优秀，不学习就会被淘汰。班组长在工作上总会碰到各种问题，只有抱着不断学习的心态在工作过程中完善自我,才能逐渐提高自身的管理能力。因此,班组长必须不断学习,下大力气提高班组管理水平。具体方法有以下几种。

第一,班组重视学习,倡导终身学习理念,积极开展"创建学习型组织,争做知识型组员"活动,经常组织学习理论和业务知识,创造浓厚的学习氛围。

第二,充分肯定和尊重组员的学习热情、学习成果和劳动创造,形成工作学习化、学习工作化,以学习推动工作、以工作促进学习的局面。

第三,根据工作任务,不断改进工作方法、提高工作艺术,适应新时期改革创新形势的需要。鼓励组员能够及时发现问题并提出改进措施,经常提合理化建议。

第四,加强培训。必须经常采取上岗培训、专业培训、短期轮训和业务培训、脱产深造等多种形式对班组员工进行培训,以提高班组成员的政治思想素质、专业技术素质、管理素质和知识素养。

第五,积极开展学习活动。认真组织班组成员参加所在单位或公司举办的各种业务技术学习活动,积极参加各种技术比武、比赛。

第六,班组长要通过不同的学习途径来不断完善、提高自己的综合素质,以适应企业发展的需要。班组长要有学习的观念和认真、积极、刻苦的学习精神,把学习看作是一种工作方式和生活方式,要掌握现代学习工具,坚持终身学习理念,追求不断创新。学习的途径主要有:向书本学习;向内行学习;向先进学习;向实践学习。

总之,班组长在班组管理上要坚持贯彻终身学习的要求,要将个人学习、家庭学习以及社会学习等多种形式结合起来,要充分利用现代社会信息发达、科技进步的良好条件,综合运用多种形式、多种途径和多种方法,使个人学习和班组学习融合在一起,从而提升班组管理水平,获得更好的发展。

3. 重视培训，强化班组成员综合素质

许多团队管理者认为员工培训成本很高，并且在短期内看不到什么效益。这种看法普遍存在，却是非常错误的。放眼全球，看看世界500强企业，绝大部分企业都对其人员的内部培训给予了前所未有的重视，为培训花费的人力成本已经占到了企业总人力投入的10%。比如，美国惠普公司员工多达几万名，每周至少要花20个小时去学习业务知识。这是为什么呢？因为惠普公司的管理者懂得，培训是保证企业持续竞争力的发动机。爱森公司为了培训人才，专门开设了一所"午间大学"，还设立了一系列内部研讨会，由外部专家亲临讲授，涉及的课题主要有营销和调研。如果员工想考更高学位，而这些学位又与业务有关，公司则会额外资助。近年来，许多中国知名企业也逐渐认识到人才培训的重要性。海尔集团首席执行官（CEO）张瑞敏一针见血地指出，培训就是为员工竞争力"埋单"。

企业要想获得长远的发展，就要舍得在培训上加大投入，因为投资人才，就等于投资企业的未来。这一点，已经成为诸多企业的共识。有经验的团队管理者会把员工培训费用看成是一种投资，而且是一种回报率很高的投资。在企业的各个发展阶段，都需要与企业发展相适应的人才，只有通过对员工进行培训，让其具备相应的素质和技能，他们才能为企业的发展做出更大的贡献。如果没有培训，员工就不能提升相应的技能和素质，是很难持续为企业创造良好效益的，也很难长期留在企业。从这个角度来

看,培训也是留住人才的重要手段。

"我将积极自觉地学习反违章知识,增强反违章责任意识,从我做起,从本职岗位做起,从日常细节做起,努力做到操作前想一想,工作中问一问……"这是长庆某油田站员工安全部培训课上的"安全承诺"。油田公司领导强调,安全工作要抓思想,抓基层,抓基础,健全和完善安全管理制度要落实到员工的思想上、行动上。按照"三抓"要求,采油站在认真分析全厂安全管理现状的基础上,确定了"强化全员我要安全的意识,提高我会安全的素质,增强我能安全的责任"的安全培训重点,并把编写《个人安全手册》作为落实"三抓"要求的切入点,制订下发《员工个人安全手册编写规范指导意见》。

在"员工安全手册"的编写过程中,充分尊重员工的自主性、主动性和创新热情,组织引导员工人人参与,不拘形式、不限内容,让员工自由发挥、充分表达自己对安全的理解和认识。经过广泛的交流和反复地修改完善,形成了独具特色的《员工个人安全手册》:"要我安全"变成了充满友情、富含哲理的"感悟篇","我要安全"变成了对亲情、友情的善待和对生命无比尊重的"亲情篇","我能安全"则变成了温馨提示、提高岗位素质的"技能篇"。所有的"管理"在手册中都不再板着面孔,也不再刚硬如铁,它们以温良善美来教化员工"安全生产,从我做起"。经过安全培训,该站已连续安全运行1090天。

培训员工是一项很重要的工作,而班组培训是企业常采取的方法,是岗位成才的基础与保障。班组培训能够实现组员综合素质和能力提升,打造强有力的班组团队。班组培训的最大特点是针对性强,发现问题,能在岗位解决的就立即着手解决,真正实现在工作中学习和培训。因此,在班组管理上,班组长在开展培训工作时一定要树立组员培训的正确观念。

班组培训是企业培训工作的基础,班组成员的基本素质取决于班组培训。班组长要注意在岗位工作中不断地进行培训班组成员。班组培训的形式一般有下面几种。

（1）经验传授式培训

通常指在班组工作中,由工作经验丰富、技术过硬的老师傅,带若干名新到工作岗位的青年工人,采取边工作边传授的形式开展培训。经验传授式也称师徒培训式。目前,企业又创造了岗位导师制培训,突破了传统的师徒培训方式,使培训更加有效。

（2）经验交流式培训

班组成员就生产、工作的有关问题交流经验体会。通过交流,起到相互启发、相互促进的作用。经验交流的形式很多,也很灵活,可以是正式交流,比如召开班组会议有组织、有计划地进行交流,或通过组织开展岗位练兵、技能竞赛、技术比武等方式进行交流；也可以是非正式交流,如在班组形成相应浓厚的交流氛围情况下组员之间进行的交流。

（3）问题针对式培训

问题针对式培训通常有两种情况,一是围绕着生产过程中出现的具体问题或存在的隐患,有针对性地教授组员如何解决,并据此使其掌握处理问题的一般方法,可以通过组织相关人员共同研究的方式解决问题,也可采取一对一的方式交给组员解决方法,还可采取现场模拟的方法,通过模拟演习,使组员掌握解决问题的方法；二是纠正生产中（工作）的错误,包括组员长期形成的不规范操作行为,以及某一具体的错误操作方式,通过纠正指出错误的危害性,使其掌握正确的操作方法,对某一具体的错误操作可采取即时性的方式,对长期形成的不良工作习惯,则可采取先记录、分析、分类,然后寻找适当时机、适当场合予以纠正,从而达到良好的效果。

(4)"送出去,请进来"式培训

通常指班组将其成员送到厂里参加统一组织的集中培训;或根据某一工作的要求,以及班组培训计划的具体安排,邀请厂内或厂外的有关专家到班组来进行专题或专项技术培训。

上述四种类型的班组培训模式,是班组在生产经营过程中较为常见的培训组织形式。应该指出,这些形式通常是相互配合使用的,而不是互不相干、相互孤立的。

总之,培训工作与其他工作一样,需要根据需求制订合理的实施计划。组员是设备的直接使用者,组员掌握基本技能是班组培训重点。班组的培训计划应切合实际,因人而异、量化到人。比如说,一个组员的理论水平较高,实际操作水平欠缺,那么制订培训计划时,就要增加实际操作、事故处理等方面的内容,使这位组员的整体素质有较大幅度的提高;在培训计划安排上要具体包括培训对象、培训内容、培训时间、培训目标,也就是班组培训本着缺什么补什么的原则。这样对于一个班组来说,每个人都可以取长补短,在提高个人素质的同时,也就提高了班组的整体水平。

4. 提升业务技能，培养专家型组员

面对日益激烈的市场竞争，不仅企业寻求着变革与创新，时代也要求员工能成为"专家型""知识型"的员工。一个员工存在的价值，就是为企业在激烈竞争的条件下创造更大的效益。如果说员工是企业最重要的资本，那么专家型员工就是企业最重要的核心资本。企业只有十分重视培育专家型员工，把学习作为组织生存发展的第一需要，放在各项工作的首位，使专家型、知识型员工成为企业的主力，企业才能在激烈的市场竞争中立于不败之地。作为班组长，必须以这一变化为导向，从现在开始，带领班组成员努力修炼专业技能，把自己的专业发挥到极致，成长为班组不可或缺的专家型人才。

许振超是一名青岛港普通的码头工人，是"文革"时期毕业的"老三届"。这个年龄层次的群体，受教育少，年龄偏大，相当一部分人成为下岗再就业的"特困户"。国家专门实施了"4050"工程，扶持这部分人再就业。但许振超不但没有下岗，而且成为世界一流的"技术专家"，在合资公司里再担重任，连外国合资方都佩服，成了码头上人人知晓的"许大拿"。许振超的脱颖而出，没有什么秘诀，用他的话说就是要学习。

1974 年，许振超初中毕业后到青岛港当了一名码头工人。他

第八章
重视学习，不断提升班组人才素质

操作的是当时最先进的起重机械——门机。许振超勤学苦练，7天就学会了操作，是一起学习的工人中第一个能够独立操作的人。然而，会开容易开好难。师傅开门机，钩头起吊平稳，钢丝绳走的是"一条线"；到了许振超手里，钩头稳不住，钢丝绳直打晃。特别是矿石装火车作业，一钩货放下，洒在车外的比进车内的还多。看到工人们忙着拿铁锹清理，许振超十分内疚。还有，矿石装火车装多了，工人要费不少劲扒去多的；装少了，亏吨，货主不干。为了早日掌握这项技术，每次作业完毕，别人歇着了，许振超还留在车上，练习停钩、稳钩。四五个月后，他开的门机钢丝绳走起来也是一条线了，一钩矿石吊起，稳稳落下，不多不少，正好装满一车皮。这手"一钩准"的绝活，很快就被大家传开了。一次，许振超干散粮装火车作业，发现粮食颗粒小，更易撒漏。他便在工作之余，吊起满满一桶水，练习走钩头，直至练到钩头行进过程中滴水不洒。再去装散粮，一抓斗下去，从舱内到车内，平平稳稳，又一个绝活——"一钩清"。许振超的活干得干净利索，装卸工人们二次劳动强度大大减轻，谁都愿意跟他搭班。这类事情还有很多，许振超正是靠着不断学习，才成为世界一流的"技术专家"的。

技术部技术主管刘俊泉是许振超的手下。他1986年大专毕业后，就和许振超共事。他说："从文凭上看，我比老许高，但他做了我的领导，我服气，因为他的技术领先于我。我年轻时打扑克、下象棋，他则把所有的时间都用来学习。他比我大11岁，学习起来吃力得多，但他坚持学习，超过了我。现在我觉得不学习没有出路，我业余时间也在学习。"

许振超在日记中写道，"悟性在脚下，路由自己找""要自己教育自己"。正是凭着这种韧劲，许振超学得真功，从工人迈进了技术主管的行列，并创造了世界纪录。

企业的专家型组员是创造企业利润的主力军，他们是企业的核心和代表，是企业的灵魂和骨干。专家型组员往往掌握着企业的核心竞争力，所以专家型组员一旦流失，其后果是损失惨重。一个人的职场生涯占据了人生的大部分时间，在日益激烈的社会竞争中，工作往往成为人们生存与发展的重要途径。而要想让自己成为企业不可或缺的人才，就必须努力成为企业的专家型组员。成为企业的专家型组员的关键，就是你的能力别人没有，这也是你在职场存在的理由，是你能够安身立命的资本。所以，作为班组成员一定要熟练掌握一门技能，成为企业的专家型人才。否则，你在职场中就是可有可无的人，只能做什么人都可以做的事情，说不定什么时候就被别人顶替掉了。

"只要吴班长上班，不怕设备不转圈，吴班长冲在前，安全生产无困难。"在某煤矿索道队，随口念起这样一段顺口溜，大家伙就知道说的是谁，他就是该队大修班班长吴四新。吴四新被组员们亲切地称为"安全生产的行家"，多年来，他用自己的实际行动验证着工友们赠予他的这份荣誉。

自担任班组长以来，吴四新就不断摸索出一套自己的治班绝招，那就是：平时多流热汗。检修班的工作是地地道道的技术活，稍有不慎就会有违章操作或者造成事故的严重后果。他把提高全班组成员的整体素质，作为抓好班组安全生产的切入点。充分利用班前班后会、安全活动日、业务技术学习日的时间，组织班组成员认真学习上级安全工作指示精神、各工种岗位责任制、操作规程及施工标准，全面提高了本班组成员的安全意识和安全生产能力。他还利用业余时间收集、复印各类设备图纸，分发到每一位组员手中，采取班前理论培训，班中对照实物讲解，班后进行考试的系统方式对组员进行业务培训，对理论考试达不到 100 分者不放过，对实践考核不过关者不允许独立操作。平时，他还把自己的"绝活儿"毫不保留地传授给班组成员。对业务能力差的组员，他主动不厌其烦地与其结成帮教对子进行帮教。青工小曾，以往是出了名的"违章大王"，其他班组谁都不要他，小曾情绪低落。到了吴四新班组后，吴四新采取班前耐心说教，班中重点监督，班后到家访谈等方式，使小曾摘掉了"违章大王"的帽子，成为一名安全骨干，大伙都说："吴班长的汗流得值！"

吴四新所在的班组连续 20 年安全无事故。由于成绩突出，他本人先后被队、矿评为安全先进个人、先进生产工作者等荣誉称号，他所在的班组也多次被队、矿评为安全先进班组、优秀班组。

员工存在的价值，更多地体现在为企业在激烈竞争的条件下创造更大的效益。如果说组员是班组最重要的资本，那么专家型组员就是班组最重要的核心资本。面对日益激烈的市场竞争，不仅企业寻求着变革与创新，时代也要求班组长能够为企业培养专家型的组员。成为班组的专家型组员对于年轻人来说是至关重要的，往大了说，它可以实现人生价值，往小了说，它可以提升个人在班组中的地位，带来丰厚的收入。不过，班组的专家型组员并不是天生的或者不变的，只有在不断的学习中，组员才能成为真正的专家型组员，为班组及企业的成长保驾护航！

一个班组业学习水平的高低将直接影响班组工作的质量，作为班组长要充分利用一切机会加强班组成员业务知识和技能的学习，特别要对新技术、新知识的学习投入更多的精力。只有下决心掌握自己职业领域内的核心技术和关键技能，使自己变得比他人更精通、更专业，才能成为专家型组员，才能胜任工作，也才会带动其他组员成为专家型组员。

5. 学习信息技术，搞好班组信息化建设

现代信息网络技术的发展，把人类带入了一个信息化时代。班组建设、管理需要班组信息化建设来体现、承载和实现。积极开展信息化管理是适应新形势下班组管理工作的需要，是保障班组管理体制合理化、管理方法科学化的重要手段。做一名班组长，要掌握科学先进的信息化技术和方法来具体贯彻落实企业的各项决策。

班组的信息化管理特色如下。

一是班组管理过程的即时性。由于采用管理信息系统（MIS）、企业资源计划（ERP）等系统，完善了数据源头采集，辅之以大量的数据分析、数据挖掘和数据图像，并通过计算机的快速反应，使得班组能够准确、及时地核算生产消耗、监控生产过程，在某种程度上实现对车间生产经营管理日清日结的即时性。

二是班组管理系统的共享性。通过计算机共享系统，班组有了一定的生产安排和控制主动权，普通班组成员也能够独立完成某些需要其他工种配合才能完成的任务，从而使班组管理工作更具连贯性。

第八章
重视学习，不断提升班组人才素质

"班组信息化管理平台不仅能更全面地掌握信息，而且更有利于管理工作，提高工作效率，最重要的是录入和操作都非常简单。"这是某供电公司的班组长小陈的切身体会。为了提高工作效率，该公司开展信息化建设推进工作，确保各班组全面落实信息化建设工作。

为深化和提高班组信息化水平，进一步加强班组管理，该公司要求各班组全面推广使用班组建设信息化管理系统，并采用培训、讲座等多种形式进行宣贯，保证组员加深对系统的掌握了解，确保推广应用工作有序进行，进而提高班组的工作效率和信息化管理水平。与此同时，将该系统应用情况列入到各班组建设考核、班组定级考评及评选先进班组工作中，以流动红旗的获得为表现方式，提高班组成员对系统的重视，加强对系统的应用，确保班组建设信息化管理系统工作得以全面推行。通过班组建设信息化管理系统平台，加强对班组全部日常工作的管理，全面贯彻班组建设管理标准，促使班组建设规范化、信息化、科学化，全方位推进新型特色班组的建设。

据悉，由于班组是公司从事生产经营活动的基本单位，是企业最基层、数量最多、分布最广的组织单元。推进班组的信息化建设是推进公司信息化建设的基础，该系统的全面使用，不仅可以帮助班组建设信息化管理系统，实现资源共享，强化班组工作过程管控，而且可以进一步提升班组建设信息化管理水平，加强班组规范化管理，全面实现班组新型信息化建设，进而推进公司的整体信息化建设水平。

信息化建设让班组管理更智能。进入21世纪，以互联网为代表的信息化浪潮席卷世界每个角落，渗透到经济、政治、文化和国防等各个领域，对人们的生产、工作、学习、生活等产生了全面深刻的影响，也使世界经济和人类文明跨入了新的历史阶段。在这种情况下，班组建设对信息资源、信息技术的依赖程度越来越大，班组长需要带领组员学习信息技术，搞好班组信息化建设。

在班组管理上，为确保班组信息化建设有序进行，提升班组信息化建设达标质量和效率，班组长要做好三个方面的工作。

第一，成立班组领导小组，加强组织领导。成立班组信息化建设领导小组，明确管理职责，各班组结合实际制订切实可行的方案，落实好方案，确保信息化推广应用工作有序进行。

第二，加强培训，提高应用水平。开展班组建设信息化管理系统培训，提高认识，强化掌握班组建设信息化管理系统的操作，为推广运用工作奠定坚实的基础。

第三，加强考核，确保应用实效。不定期抽查班组建设信息化管理系统推广应用情况，将该系统应用情况列入各班组建设考核、班组定级考评及评选先进班组工作中去，加强对各班组工作的检查考核，确保班组建设信息化管理系统有效、全面应用。

"崭新的一天开始了，你准备好了吗?"这是沈阳某超高压公司员工自创的班组信息化平台问候语。该平台经三个月试运行，正式亮相。

该平台由该公司自动化班依据标准化班组建设标准自主设计完成，包含班组建设、安全及日常管理、记录及报表、生产过程管控等内容，集任务派发、过程管控、资料存档、统计自检、效果评估和经验交流六大功能于一体，以网页、图标、电子表格等文档形式实现了平台桌面化、信息一体化、管理规范化、建设标准化。在试运行期间，该班组对班组信息化平台更新，升级两次，现包括快捷窗口8个、专栏18个，涵盖内容更加全面，平台应用更加方便快捷。

据了解，一个班组需填写月记录18项、季记录6项、年记录5项，需更新月记录84项、季记录32项，漏填记录、更新不及时等时有发生。应用班组信息化平台后，该班组现已完善设备电子档案120份、安全生产资料存档1719个、班组管理资料2731份、培训材料4678份，彻底解决班组日常管理出现漏洞的痼疾，提高工作效率近一倍。

班组信息化管理系统由于采用了先进的计算机网络系统，有着充实的班组建设数据资源。可以让每一个基层班组实时而准确获取到所需的各种资料，还能够了解到更多兄弟班组先进的管理经验和各种活动信息，可以说班组信息化管理系统是提高班组建设水平和展示风采的平台。

班组的管理水平是企业管理水平和精神面貌的综合体现。随着信息技术日新月异的发展，班组管理的信息化建设有利于增强企业的市场竞争力。在信息化时代，班组长要充分认识班组信息化建设的重要性，在实际生产工作中探索建立班组管理新模式，始终坚持以人为本，用发展的观点发现和分析问题，组织班组成员勤于学习信息技术，为班组营造浓厚的掌握信息化技术的学习氛围，推动技术和管理创新，通过信息化手段提高工作效率。

6. 让全员学习成为班组的良好习惯

以往班组建设的最大特点是强调以执行为主，以完成指标为目标；而学习型班组则注重全员的学习力、创造力、创新力和自我超越能力持续不断的提高。具体来说，一个比较典型的学习型班组，一般会具有以下几个方面的特征。

第一，自我设计。班组成员结合企业发展目标确立本班组的目标。

第二，自我管理。班组成员间的关系是工作伙伴关系，没有等级之分，只有相互理解、信任和勉励。

第三，自我学习。为了共同的愿景，班组成员之间建立了共同学习、互动学习的关系。

第四，自我创造。通过对知识与技能的学习，班组成员发挥聪明才智，产生出新颖独特而有价值的构思，并自觉实现它。

第五，自我感化。班组有一种相互感染、激励的氛围。

第六，自我超越。班组善于从共同愿景中生发出积极进取的力量，以实现惊人的突破。

因此，提升班组学习力，创建学习型班组不只是班组长的事情，而是全体组员的事情。创建学习型班组必须调动全体组员的学习积极性，让全员学习成为班组的良好习惯。

第八章
重视学习，不断提升班组人才素质

近日，阜新某公司给各级班组送来了图书架和关于班组建设的图书，明确了"先进文化进班组"活动是本着改善一线员工的学习条件为目的，为班组成员成长提供良好的文化环境，激发组员的创造活力，引导组员养成"爱读书、读好书、善读书"的良好习惯，兴起新一轮组员读书活动热潮。

班组里终于有了自己的图书角，各级班组通过活动号召全体成员平时要多读书、读好书，有效提升自身的道德修养和文化素养，缓解工作压力，培养大家的良好心态，满足组员的精神文化需求，在中心营造读书学习的良好氛围。组员纷纷表示，一定积极学习，让班组图书角能真正发挥作用，使读书成为常态，为公司健康发展做出应有的贡献。

班组的全员学习，也就是要求班组全体成员都参与到学习中去，形成团队化的学习。只有在班组中形成全员学习的氛围，才能提升班组的学习力。班组要把学习引进管理中，构建多渠道、全方位的组员教育培训体系，建立健全组员教育培训、激励约束等机制，广泛开展业务技能比赛、岗位练兵等各种岗位学习活动，强化全员培训，开展全员学习，努力实现"工作学习化、学习工作化"，在班组创造学习的氛围和环境，推动个人学习、团体学习、自主学习、全员学习的班组学习气氛的形成。

在某些班组中，对于提升班组学习力、推动全员学习并不热心。这主要是由于以下原因造成的：一是企业负责人和班组长对班组成员的学习培训不够重视，平时只抓安全生产和经营管理，而忽视了对组员潜能素质的挖掘；对有些企业负责人和班组长而言，平时的管理任务较多、工作负担较重，因而既不能安排好个人的学习，也无法组织好企业和班组成员进行学习。因此，态度上的不重视、实际工作中的困难影响了全员学习活动的展开。二是对部分组员而言，不愿学、不肯学者也大有人在。三是企业学习培训制度、激励机制不够完善，规范性、针对性、实效性不强。四是企业和班组缺少相应的投入，没法保证组员进行必要的学习和培训。因此，要推动全员学习，首先要从思想意识上、制度建设上和经费投入上进行改进。

推行全员学习，班组长要率先垂范，做全员学习的榜样。班组长是创建学习型班组的组织者、领导者，班组长自身学习能力的提高，是班组各项工作创新发展的基础，更是广大组员学习的榜样。班组长要勤于学习、善于学习，以实际行动激发组员的学习热情，推动班组全体成员积极学习。同时要因势利导，提高组员对学习培训重要性的认识，营造班组全员学习氛围。对广大组员进行的培训中，要突出"学了有用、学了能用、学了有提高、学了有效益、学了有创造"。同时，将着力在提高组员的学习力、创造力以及企业的竞争力上下功夫，以此促使全体成员加强学习；把创建学习型企业与创建学习型班组结合起来，把学习专业知识与学习社会、文化、经济知识结合起来，把个人的学习目标与实现企业发展的共同目标连结成一体。

第九章

勇于创新,带领组员在工作中大胆突破

创新是企业发展的动力。班组长是班组创新活动的带头人,负责引导班组的创新文化和成员的创新理念。在激烈的市场竞争中,班组长要锐意进取,不断增强创新意识,大胆进行技术创新、管理创新,才能使自己所在的班组生机蓬勃,引领企业创新。

1. 锐意进取，不断增强班组创新意识

当今快节奏、多变化、竞争日趋激烈的社会，对每一个员工都提出了前所未有的创新要求。创新是一种锐意进取的精神面貌，是一种勇于探索的工作态度，是一种不断追求卓越、追求进步、追求发展的理念。守旧意味着落后，创新才能充满生机。班组创新体现了组员在变化中求生存、在变化中求发展的不懈追求和努力。企业必须以变应变，在创新中不断前进。企业、员工都要接受环境不停变化的事实。班组长也必须意识到：面对一个充满竞争的世界，只有做好班组创新才能获得可持续的发展。只有具有创新意识，才能在未来的发展中不断开辟新的天地。因此，在班组管理上，班组长要大力发扬岗位创新精神，带领组员在工作中大胆突破。

创新是企业最强大的竞争力。"不创新，就死亡。"这已成为企业生存及发展的真实写照，任何一家企业都必须重视创造力，只有这样企业才具有长久的生命力。没有创新力的企业是充满危机的，没有创新力的员工也是如此。

3M公司（明尼苏达矿务及制造业公司）将创新看作其成长的动力。每年，3M公司都要开发200多种新产品，而它的这种传奇般的注重革新的精神已使3M公司成为美国最让人羡慕的企业之一。新产品并不是自然诞生的，而是因为3M公司努力去创造

第九章
勇于创新，带领组员在工作中大胆突破

了一个有助于革新的环境。

3M 公司鼓励每一个人开发新产品，它有一个著名的"15%规则"，即允许每个技术人员最多可用 15% 的时间来"干私活"，即搞个人感兴趣的工作方案，而不管这些方案是否直接有利于公司。当一个有希望的构思产生时，3M 公司就会组织一个由该构思的发起者以及来自生产、销售、营销和法律部门的志愿者组成的冒险队。该冒险队负责培育产品，并保护它免受公司苛刻的调查。队员始终开发产品，直到它成功或失败，然后回到原来各自的岗位上，继续从事新产品的开发。每年，3M 公司都会把"进步奖"授予那些新产品开发后 3 年内在美国销售额达 200 万美元，或者在全世界销售额达 400 万美元的冒险队。

3M 公司深刻地领会到一点，那就是为了获得最大的成功，它必须尝试成千上万种新产品的构思。3M 公司把错误和失败当做是创造和革新的正常组成部分。事实上，它的哲学似乎成了"如果你不犯错，你可能没在做任何事情"。正如后来的事实所表明的，许多"大错误"最终都成为 3M 公司最成功的一些产品。比如 3M 公司的老职员很爱讲一个化学家的故事。这个化学家偶尔把一种新的化学混合物溅到了网球鞋上。几天之后，她注意到溅上化学混合物的鞋面部分不会变脏。该化学混合物后来成为名为"Scotchguard"织物保护剂的商品。

员工是企业的主体，他们既是产品的生产者，财富的创造者，也是现场的管理者，问题的改进者。他们有思想、有头脑、有抱负、有昂扬向上的进取心。因此千方百计调动起员工的积极性、创造性，可让小小的工作岗位变成为改善与创新的大舞台。无论是百人小企业，还是万人规模的大企业，每个员工在各自工作岗位上的创新，就可为企业解决大问题，产出大效益。

～～～～～～～～～～～～～～～～～～～～～～

  池修波是山东某水泥公司的一名班组长。文质彬彬，带有些许书生气的他，因技术精湛、无私奉献多次获得"创新员工""标兵""先进"等荣誉称号。荣誉见证他创先争优、积极进取的过程，记录着他攻坚克难、顽强拼搏的经历。

  别看他外表文弱，却有一颗坚韧、不甘人后的心。班长的责任感和对企业深厚的感情让池修波从担任班长的那一刻起就暗下决心，要把丙班建成一流的班组。池修波在引导组员们建立个人工作愿景的基础上，带领大家讨论形成了"提升学习力，创一流班组"的班组共同愿景。共同愿景让大家学有目标，赶有方向。愿景的提出，就像一盏明灯，照亮了班组前进的道路，形成了风雨同舟、戮力同心的集体。

  在班组创新上他坚持结合日常工作经验，积极开展节能降耗活动，在旋窑安全操作、技术改造、节能降耗等方面提出了许多合理化建议。他利用业余时间研制的"硫化修补法"对皮带进行硫化修补，使修复后皮带坚固如新，为企业创造了显著的经济效益。

～～～～～～～～～～～～～～～～～～～～～～

  现代企业面临着残酷的市场竞争，每个企业及班组都能感到市场的压力。然而，有些组员并没有感受到压力或感到压力不大。如果把市场压力施加到每个组员身上去，组员一定会想办法解决这个压力，这就需要创新，而这个创新正是企业及班组最需要的。如果每个人都来动脑子、都来创新，这种创造力对企业及班组来说是一笔非常大的财富。而具有创新能力的组员将成为企业及班组急需的宝贵财富。组员的创新活动为市场提供价值的同时，创新也让组员实现了自身价值。由此可见，班组创新对于企业、班组和组员都十分重要。

2. 打破条条框框，发挥创新带头作用

在创新进程中，许多事情看似不可能，其实是被常规束缚住了，打破常规，许多不可能就会变为可能。当然，要摆脱和突破常规思考法的束缚，常常需要付出极大的努力。在班组创新中，只有转变现有的观念，创新工作思路，改变束缚，才能更好地开展工作。纵观事业取得成功的人，大都是能够站在适时改变、积极创新的立场上考虑问题的人。

在工作中，机械化、程序化的工作没有前途。或许这样的员工并没有犯原则性的错误，却会令上司困扰；或许并不会因此丢了工作，却不容易得到晋升的机会。这一切，都是由于我们墨守成规的思想在作祟。因为墨守成规，所以我们害怕改变，不愿改变也不懂得如何改变。固有的方式限制了创新，更抹杀了自我突破的可能，只会让人倒退，进而缺乏竞争力，局限自身发展的空间，并且最终被淘汰。在班组创新中，班组长要发挥创新带头作用，摆脱惯有的思维定式，打破条条框框。

在休闲活动走向惊险刺激的潮流之下，许多人选择了跳伞训练来挑战自己的胆识。就在一次例行的业余跳伞训练中，学员们

由教练引导,背着降落伞鱼贯登上运输机,准备进行高空跳伞。

突然,不知哪个学员一声惊叫,随着这一声叫声,大家才发现,竟然有一位盲人,带着他的导盲犬,正随着大家一起登机。更令人惊异的是,这位盲人和导盲犬的背上,也和大伙儿一样,背着一顶降落伞。

飞机起飞之后,所有参加这次跳伞训练的学员们,都围着那位盲人,七嘴八舌地问他,为什么要参加这一次的跳伞训练。

其中一名学员问道:"你根本看不到东西,怎么能够跳伞呢?"

盲人轻松地回答道:"那有什么困难的?等飞机到了预定的高度,开始跳伞的警示广播响起,我只要抱着我的导盲犬,跟着你们一起排队往外跳,不就行了?"

另一名学员接着问道:"那……你怎么知道什么时候该拉开降落伞?"

盲人答道:"那更简单,教练不是教过?跳出去之后,从一数到五,我自然就会把导盲犬和我自己身上的降落伞拉开,只要我不结巴,就不会有危险啊!"

又有人问:"可是……落地时呢?跳伞最危险的地方,就在落地那一刻,你又该怎么办?"

盲人胸有成竹地笑道:"这还不容易,只要等到我的导盲犬吓得歇斯底里地乱叫,同时手中的绳索变轻的刹那,我就做好标准的落地动作,不就安全了?"

跳伞活动结束以后,盲人和所有学员一样,安全顺利地抵达了地面。

盲人就不能跳伞,因为他的眼睛看不见。许多人都认为这是正确的。

其实只要创造一些条件,盲人同样可以跳伞。所以,我们要敢于打破常规,试着以一种独特的视角去思考问题,摆脱固有模式,那么即使再大的困难也会迎刃而解,再难以落实的工作也会得到彻底执行。因此,工作不能总是按老规矩、老观念、老习惯、老脑筋去办,而是要"变",变则通。当我们在其中的一条路上走不通时,不妨转换一下思路,问题可能就迎刃而解了。

2001年5月20日,美国一位名叫乔治·赫伯特的推销员,成功地把一把斧子推销给了小布什总统。布鲁金斯学会得知这一消息,把一只金靴子赠予了他,金靴上刻有几个漂亮的字:最伟大的推销员。

这是自1975年,该学会的一名学员成功地把一台微型录音机卖给尼克松后,又一学员登上如此高的荣誉宝座。布鲁金斯学会以培养杰出的推销员闻名于世。它有一个传统,在每期学员毕业时,设计一道最能体现推销员能力的实习题,让学生去完成。克林顿当政期间,他们出了这样一个题目:请把一条三角裤推销给现任总统。八年间,无数学员为此耗费心机,没有一个人取得成功,克林顿卸任后,小布什接任美国总统,布鲁金斯学会把题目换成:请把一把斧子推销给小布什总统。

鉴于前八年的失败与教训,许多学员知难而退。个别学员甚至认为,这道毕业实习题会和克林顿当政期间一样毫无结果,因为现在的总统什么都不缺少,再说即使他需要什么东西,也用不着亲自购买。

但是,知难而进的乔治·赫伯特成功地做到了,并且没有花多少功夫。一位记者采访他的时候,他是这样说的:"我认为,把一把斧子推销给小布什总统是完全可能的,因为布什总统在得克萨斯州有一农场,里面种着许多树。于是我给总统写了一封信,说:亲爱的总统先生,在您百忙之中打搅您,实在不好意思。有一次,我有幸参观您的农场,发现里面长着许多矢菊树,有些已经死掉,木质已变得松软。"

乔治·赫伯特的成功对我们来说,既是一个意外,又在意料之中。他成功的关键就在于他找到了创新需要突破的那个点——布什的农场。其实,创新不只是某些特殊人物的专利,只要做个有心人,你也可以成功创新。"我想,您一定需要一把小斧头,但是从您现在的体质来看,新的小斧头显然太轻,因此您需要一把不甚锋利的老斧头,现在我这儿正好有一把这样的斧头,很适合砍伐枯树。倘若您有兴趣的话,请按这封信所留的信箱,给予回复……最后他就给我汇来了15美元。"

西方有一句有名的谚语"Use your head",意思就是要多动脑、多思考。有一位记者曾经问比尔·盖茨:"你成为当今世界首富,你成功的秘诀是什么?"比尔·盖茨明确地回答说:"思考,时刻不忘记思考。"任何一个公司都希望看到自己的员工在工作中勤于思考,这是创新工作中非常重要的一环。这个世界不缺会干活的人,缺的是会思考的人。在班组创新上,班组长要善于思考,打破常规思维方式的束缚,大胆创新工作,如此班组工作才会有更大的发展,取得更好的成绩。

3. 营造创新气氛，激发组员的创新热情

创新与风险相伴而行，这就需要营造一种鼓励创新、积极向上的企业文化，以形成不畏风险的良好氛围。在生态学中，土壤对植物来说是重要的生态因子。在班组创新精神培养的过程中，更离不开创新文化的激发、滋养。企业创新文化能通过发挥人的主动性、创造性、积极性、智慧力，使员工从内心产生一种情绪高昂、奋发进取的效应。

好的企业文化氛围建立后，它所带来的是群体的智慧、协作的精神、新鲜的活力，这就相当于在企业核心装上了一台大功率的发动机，可为企业的创新和发展提供源源不断的精神动力。为此，企业文化建设要与企业的创新有机结合起来，为企业创新提供适宜的环境和充足的营养。

企业创新文化要坚持以人为本，人是创新文化建设的核心。在创新文化建设过程中，要注重对员工思想和行为规律的研究，突出员工的创新意识、思维、哲学和价值观，做到爱护员工、关心员工、尊重员工，体现人文关怀，启发和强化员工的创新意识和观念。从而使员工愉快、积极地为企业创新目标的实现而努力。

不过，需要注意的是企业创新文化建设不是一劳永逸的事情，而是一个动态的过程。要与时具进、创新发展、不断丰富企业文化内涵，为企业的创新和发展提供动力源泉。

某集团公司许多生产班组属于倒班作业，平时班组成员之间沟通和交流特别少，基本上不遇不到，长期以来，班组就比较散，缺少凝聚力。为了搞好企业创新，集团公司建立了班组创新改善小组，为班组成员之间搭建了沟通和交流的有效平台，因为有共同的目标需要努力，有共同的难点等待解决，有共同的成果能够分享，这使得组员之间有了更多共同语言，有助于增进组员之间的了解，有助于构建和谐融洽的班组环境，更有助于提升班组的凝聚力和创新力。

在没有建立班组创新改善小组之前，班组的很多组员都是只管干活，只管完成任务，对于班组其他工作"不管不问"。针对这种状况，集团将每个创新改善小组以组长的名字命名，更好地激发了小组负责人的责任感和使命感，促使小组长在创新改善方面更好地发挥主观能动作用。比如以班组长名字命名的"李英奇创新改善小组"。自从建立创新改善小组之后，将创新改善小组活动渗透到班组工作的各个方面、各个环节，使得创新改善工作与其他工作"我中有你，你中有我"，达到两不误、两促进的良好效果。

创新改善小组以班组长为主要负责人，负责日常创新工作的组织、推进和实施。技术人员负责日常的技术指导。创新改善项目的收集、实施过程记录、软件资料管理等工作也做了明确的分工，将各项具体工作落实到个人。同时，各创新改善小组制订了年度目标，包括导师带徒情况、提案改善目标、点子征集完成情况等，将创新改善完成情况与小组负责人及小组成员的绩效挂钩，进一步激发了班组成员参与活动的主动性和积极性，有力促进了班组自主创新能力的提高。

在班组创新中，激发组员的创新热情需完善创新制度，建设创新文化。完善的创新文化和制度体现了公平，维护了正义，使组员获得一视同仁的对待，这样可以提高组员的工作效率。在竞争激烈的今天，组员的工作效率提高了，班组的生产效益就会大大提升，企业的综合竞争力也随之提高。因此，在班组创新管理中，必须建立合理的规章制度来约束组员的行为，同时还要兼顾各个方面的利益。唯有制订公平、合理的创新文化和制度，才能让组员信服，组员才会遵守制度和规则，班组才能实现创新和发展。

在班组创新中，创新文化和制度是完成目标的持续动力。班组里的每个人都要遵循的原则就是公平原则。公平地按个人创新业绩及班组整体业绩进行奖酬，才能促使班组成员为实现更多自身利益及班组利益焕发激情，积极努力创新。为了进一步体现公平原则，实现有效的激励，班组可以适当公开薪酬奖金。要能够公正地告诉班组成员，为什么有些成员薪酬较高，为什么有些成员薪酬较低，更重要的是，要让成员认识到，每个人都可以通过自己的创新努力获得更高的薪酬奖金。

4. 鼓励合理化建议，打造创新型班组

在班组创新管理中，班组长要善于开展合理化建议活动，调动组员提合理化建议的主动性和积极性。合理化建议是指有关改进和完善企业、事业单位生产技术和经营管理方面的办法和措施；其中技术改进，是指对机

器设备、工具、工艺技术等方面所做的改进和革新。班组成员的合理化建议，对于创新型班组的建设有重要作用。一个人的智慧常常是有限的，班组要想有更好的发展，就离不开班组集体的努力，离不开班组全体成员的合理化建议。

班组成员合理化建议来自班组，来自生产一线，具有一定的实践性和可开发性，既有益于企业发展，又可促进企业的技术进步，因而应当多多益善。因此，班组长要鼓励合理化建议，激励组员为企业发展献计献策。合理化建议的主要内容包括以下几个方面。

（1）工业产品质量和工程质量的提高，产品结构的改进，生物品种的改良和发展，新产品的开发。

（2）有效地利用和节约能源、原材料，以及利用自然条件。

（3）生产工艺和试验、检验方法，劳动保护、环境保护、安全技术、医疗、卫生技术，物资运输、储藏、养护技术以及设计、统计、计算技术等方面的改进。

（4）工具、设备、仪器、装置的改进。

（5）科技成果的推广，企业现代化管理方法、手段的创新和应用，引进技术、进口设备的消化吸收和革新。

"真没想到一个小小的建议，公司领导会这么重视，竟得了合理化建议一等奖！今后，我要结合自己的本职工作，提更多的合理化建议！"某供电公司的员工李俊，捧着合理化建议的荣誉证书和奖金，高兴和激动之情溢于言表。

李俊只是供电公司受到表彰的合理化建议众多人员中的普通一员。近年来，该公司合理化建议活动取得了较大进展，广大员工积极参与，纷纷结合自身工作实际及工作特点，为企业发展建言献策，公司通过员工的"小建议"，催生出企业发展的"大动力"。

供电公司提出"让每个员工的脑袋转起来"，才能"让人人都有创新能力发挥的舞台"。比如，公司员工在工作中因为看到农村短期务工人员外出期间家里保险丝因雷电等原因跳闸造成冰箱中的食物腐烂，于是想到了"巧用电力微信服务平台，使外出务工人员放心用电"的建议。通过为外出务工人员安装微信公众服务平台，绑定用户电表户号"实时电量查询"，若发现家中用电量为"0"，便可判断家中已经断电。他们的这条低成本主动服务的建议，拉近了供电企业与用户的距离。建议很小，易实现，却在一定程度上保障了用户家庭财产安全，解决了外出务工期间的后顾之忧。

为了让广大员工了解合理化建议的目的和意义，充分调动大家参与活动的积极性，公司工会利用中层干部大会、新闻网站、短信等多种形式，对开展合理化建议活动进行广泛宣传和动员。倡导只要是有利于提高劳动效率的，只要是有利促进安全生产的，只要是有利于提升优质服务水平的，就是金点子。

群众力量是无穷的，公司合理化建议活动得到了广大员工的积极响应，一条条合理化建议从不同岗位、不同工种中被提炼出来。有的是针对安全生产提出的小改进、小防范，消除了安全隐患，提高了安全生产管理水平；有的是针对电网建设提出的小优化、小创新，加快了施工进度，降低了施工成本；有的是针对优质服务提出的小方法、小建议，为优质服务拓宽了新思路，提供了新支撑……一项项饱含该公司员工心血与智慧的合理化建议，如涓涓细流，似星星之火，汇成了公司创新增效的滚滚洪流。

在班组创新中，班组长开展合理化建议活动要经常化、规范化、制度化，鼓励全组成员立足本职岗位，积极提合理化建议，提高创新水平，促进班组发展。合理化建议征集要明确方向，紧贴本班组安全生产工作实际，适时开展有关安全管理、材料消耗、班组建设、技术革新、生活后勤等方面的建议收集工作，及时掌握班组在创新管理等方面存在的差距与不足，了解组员思想动态。

班组创新提倡组员对企业的组织、制度、方法和手段等方面提出的带有改进、创新因素的办法和措施，也可作为合理化建议的内容而提出。对于班组成员提出的合理化建议，最好做好记录，将建议的名称、实施方法和措施、预期效果等叙述清楚，报上级研究其可行性。对于被采纳的合理化建议，要予以奖励，调动组员的积极性和创造性。

总之，在班组创新中，合理化建议体现了班组成员对于班组、企业建设和发展的热忱，是班组成员参与管理和决策的需要，班组长要高度重视。

5. 运用创新思维，激活岗位创新精神

爱因斯坦曾经说过："人是靠大脑解决一切问题的。"头脑中的创新思维是人们进行创新活动的基础和前提，一切需要创新的活动都离不开我们的思考，更离不开创新思维。我们要想培养创新思维，必须要勇敢地冲破看事情、想问题的传统模式，通过全新的思路来考察和分析问题，这样才

能开阔创新眼界。

加藤信三曾经是狮王牙刷公司的职员。有一次,夜里加班到很晚他才回家。第二天早上,加藤信三为了赶去上班,在刷牙的时候,因为过于匆忙,牙龈被刷出血来。作为一名牙刷公司的职员,使用公司生产的牙刷竟然多次出现这种问题,他感到非常恼火。

到了公司,他跟办公室的几个同事一起讨论这个问题,相约一同设法解决刷牙容易伤及牙龈的问题。他们想了不少解决办法,对牙刷进行必要的改造,从牙刷的刷毛质地、牙刷的造型、重新设计牙刷刷毛的排列顺序等方面提出了很多重要的改进方案。经过长时间的研究,加藤终于找到了最好的解决办法。原来,以前的牙刷由于是机器切割,所以刷毛顶端全部都呈锐利的直角,这才是造成刷牙出血的真正原因。加藤信三决定改善刷毛的切割方式,将刷毛的顶端全部弄成圆角。

经过实验取得成效后,加藤正式向公司提出了改变牙刷刷毛形状的建议,上司看后,也觉得这是一个特别好的建议,同意把全部牙刷刷毛的顶端改成圆形。改善后的狮王牌牙刷很快受到广大顾客的欢迎,销路极好,销量直线上升,最后占到了全国同类产品的40%左右,公司盈利颇丰。加藤也由普通职员晋升为科长,十几年后成为公司的董事长。

岗位创新精神要求具有能够综合运用已有的知识、信息、技能和方法,提出新方法、新观点的思维能力和进行发明创造、革新的智慧。岗位创新精神体现了公司员工在变化中求生存,在变化中求发展的不懈追求和努力。企业必须以变应变,在创新中不断前进,只有做好岗位创新才能立足长远。

信息时代,岗位创新精神显得至关重要。我们很难想象,一个没有创新能力的社会,在科技、生产和生活方面会有什么新的进展。同样,企业不能没有创新,班组不能没有创新,个人也不能没有创新。具有创新精神,才能在未来的发展中不断开辟新的天地。

有一家工厂,常年生产一种汗衫。随着人们生活方式的改变,穿这种老式汗衫的人也越来越少了,所以这家工厂汗衫的销量越来越差,几年下来,工厂积压了不少货。可是想要转产资金严重不足,甚至连工人的工资都发不出来,工厂已经面临破产的境地。

这时,有位年轻的技术员提议在积压的白汗衫后面和前胸上印上一些字,如"朋友,你伤害了我""烦着呢!离我远点!""退一步,海阔天空!""毛主席万岁!"等这些新潮的词汇,再加上汗衫的"老式",这种鲜明的对比会让汗衫别具特色,正符合年轻人求奇求新的心态。这样做,"老头衫"有可能成为"时装衫"。

当时工厂里有很多人不看好这个提议,认为这只是"旧瓶装新酒",不会有人买,到时候还把本来能穿的汗衫变成废品,简直是一个笑话。幸好厂长很支持,于是决定先做出来一小部分投放市场。

很快,一批印有字句的汗衫投放到市场了,厂长给它取了一个响亮的名字:文化衫。让人惊喜的是,这些"文化衫"很快就销售一空了。于是,第二批、第三批印着句子的汗衫纷纷上市,一时间,无人问津的汗衫变成了一种时尚,风靡一时。而该厂的

第九章
勇于创新，带领组员在工作中大胆突破

积压产品也全都销售一空，当年盈利达到几百万元。

说起班组创新，或许有人认为创新很神秘，创新是专家、技术人员干的事儿；觉得自己又不是专门做技术研发工作的，做的工作普通又平凡，没有创新的可能，根本沾不上"创新"的边。其实，创新不仅仅是科研领域、科技人员的专利。创新可以是对工作的改进，可以是对效益的提升。即便是普通组员，工作在平凡岗位，因为身处一线，对设备、生产等情况十分熟悉，实践经验丰富，同样有着自身的创新优势。也有的组员认为，自己从事的工作比较简单，不具备高技术性的特点，可创新的地方不多。这种观点也过于偏颇，创新能否成功，不在于是否简单，而在于它有没有价值，对班组发展有没有帮助。

在班组日常工作中，创新并不是高不可攀的事，每个组员都有某种创新的能力。在每一个领域、每一项工作中，创新都大有可为。创新不在于工作的性质、职务的高低、岗位的差别，而在于对工作的热爱，在于有没有立足岗位创新的志向？能不能把你从事的工作钻透？肯不肯花大力气去研究？

一个企业和班组如果缺少创新，就会失去发展的动力；没有创新，也不会有技术进步；没有创新，就不会新机器、新设备和新材料的发明和使用。没有创新，企业和班组就会如同一潭死水，没有生气、没有活力。